Den Alltag meistern mit ADHS

Manfred Döpfner
Christina Dose
Josepha Katzmann
Laura Mokros
Kristin-Katharina Scholz
Stephanie Schürmann
Tanja Wolff Metternich-Kaizman

Den Alltag meistern mit ADHS

Das Arbeitsbuch für Eltern von Schulkindern

Prof. Dr. sc. hum., Dipl.-Psych. Manfred Döpfner, geb. 1955. Seit 1989 Leitender Psychologe an der Klinik für Kinder- und Jugendpsychiatrie und Psychotherapie der Universität zu Köln und dort seit 1999 Professor für Psychotherapie in der Kinder- und Jugendpsychiatrie sowie Leiter des Ausbildungsinstituts für Kinder- und Jugendlichenpsychotherapie (AKiP).

Dr. rer. medic., Dipl.-Psych. Christina Dose, geb. 1985. Psychologische Psychotherapeutin für Verhaltenstherapie. Seit 2012 wissenschaftliche Mitarbeit am Ausbildungsinstitut für Kinder- und Jugendlichenpsychotherapie (AKiP) an der Uniklinik Köln.

Dr. rer. medic., Dipl.-Psych. Josepha Katzmann, geb. 1984. Kinder- und Jugendlichenpsychotherapeutin. Von 2009 bis 2013 und von 2016 bis 2019 wissenschaftliche Mitarbeit am Ausbildungsinstitut für Kinder- und Jugendlichenpsychotherapie (AKiP) an der Uniklinik Köln. 2013–2017 Psychologin in der Institutsambulanz der Kinder- und Jugendpsychiatrie des St. Marien Hospital in Düren. Seit 2019 niedergelassen in eigener Praxis in Düsseldorf.

Dr. rer. medic., Dipl.-Psych. Laura Mokros, geb. 1985. Kinder- und Jugendlichenpsychotherapeutin. Von 2009 bis 2012 wissenschaftliche Mitarbeit am Ausbildungsinstitut für Kinder- und Jugendlichenpsychotherapie (AKiP) an der Uniklinik Köln. Seit 2017 Wissenschaftliche Mitarbeiterin (Post-Doc) in der Forschungsabteilung der LWL Universitätsklinik Hamm.

Dr. rer. medic., Dipl.-Psych. Kristin-Katharina Scholz, geb. 1982. Kinder- und Jugendlichenpsychotherapeutin. Von 2013 bis 2016 wissenschaftliche Mitarbeit am Ausbildungsinstitut für Kinder- und Jugendlichenpsychotherapie (AKiP) an der Uniklinik Köln. 2017–2019 wissenschaftliche Referentin bei der Psychotherapeutenkammer NRW. Seit 2019 niedergelassen in eigener Praxis in Duisburg.

Dr. rer. medic., Dipl.-Psych. Stephanie Schürmann, geb. 1967. Psychologische Psychotherapeutin. Seit 1992 wissenschaftliche Mitarbeiterin in der Klinik und Poliklinik für Psychiatrie, Psychosomatik und Psychotherapie des Kindes- und Jugendalters und seit 1999 Dozentin und Supervisorin am Ausbildungsinstitut für Kinder- und Jugendlichenpsychotherapie (AKiP) an der Uniklinik Köln.

Dr. rer. medic., Dipl.-Psych. Tanja Wolff Metternich-Kaizman, geb. 1968. Psychologische Psychotherapeutin. Seit 1995 wissenschaftliche Mitarbeiterin in der Klinik und Poliklinik für Psychiatrie und Psychotherapie des Kindes- und Jugendalters und seit 1999 Dozentin und Supervisorin am Ausbildungsinstitut für Kinder- und Jugendlichenpsychotherapie (AKiP) an der Uniklinik Köln.

Bibliografische Information der Deutschen Nationalbibliothek
Die Deutsche Nationalbibliothek verzeichnet diese Publikation in der Deutschen Nationalbibliografie; detaillierte bibliografische Daten sind im Internet über http://dnb.dnb.de abrufbar.

Hogrefe Verlag GmbH & Co. KG
Merkelstraße 3
37085 Göttingen
Deutschland
Tel. +49 551 999 50 0
Fax +49 551 999 50 111
info@hogrefe.de
www.hogrefe.de

Umschlagabbildung: © iStock.com by Getty Images / monkeybusinessimages
Satz: Franziska Stolz, Hogrefe Verlag GmbH & Co. KG, Göttingen
Illustrationen: Klaus Gehrmann, Freiburg; www.klausgehrmann.net
Druck: Finidr, s.r.o., Český Těšín
Printed in Czech Republic
Auf säurefreiem Papier gedruckt

1. Auflage 2021

ISBN 978-3-8017-3049-9
https://doi.org/10.1026/03049-000

Inhaltsverzeichnis

Vorwort

Liebe Eltern,

wir freuen uns sehr, dass Sie sich für die Arbeit mit unserem Programm „Den Alltag meistern mit ADHS“ entschieden haben!

Mit diesem Arbeitsbuch möchten wir Sie dabei unterstützen, Lösungs- und Bewältigungsansätze für den Umgang mit dem unaufmerksamen, unruhigen, impulsiven oder auch oppositionellen oder aggressiven Verhalten Ihres Kindes zu finden, um die Verhaltensprobleme letztlich zu vermindern. Dazu möchten wir Ihnen einige Tipps geben, worauf Sie bei der Erziehung Ihres Kindes achten können. Auf den folgenden Seiten finden Sie zunächst Antworten auf einige wichtige Fragen zu unserem Programm und Informationen zum Vorgehen bei der Arbeit mit diesem Buch. Bitte beschäftigen Sie sich einmal mit den „Grundlagen und Anwendungshinweisen“, bevor Sie mit der Lektüre der weiteren Kapitel starten.

Das eigene Erziehungsverhalten zu überdenken und zu verändern, kostet viel Energie. Haben Sie ruhig den Mut, die von uns vorgeschlagenen Maßnahmen auszuprobieren, auch wenn es Ihnen vielleicht manchmal schwerfällt. Es ist nicht selbstverständlich, dass Sie als Eltern diese Energie investieren! Bedenken Sie zudem, dass Veränderungen Zeit brauchen. Seien Sie nicht entmutigt, wenn nicht alles direkt so läuft, wie Sie es sich wünschen – um Veränderungen zu erreichen, ist es notwendig, dass Sie die vorgeschlagenen Maßnahmen regelmäßig und langfristig anwenden. So kann Ihr Kind lernen, Ihre Reaktionen auf sein Verhalten richtig einzuschätzen. Erwarten Sie von sich selbst und Ihrem Kind keine Wunder, jeder Schritt in die richtige Richtung ist ein wichtiger Schritt!

Wir hoffen, dass wir Ihnen einige hilfreiche Tipps geben können, um einen günstigeren Umgang mit den Verhaltensproblemen Ihres Kindes zu finden, und wünschen Ihnen und Ihrer Familie alles Gute!

Grundlagen und Anwendungshinweise

Für wen haben wir dieses Arbeitsbuch geschrieben?
Dieses Arbeitsbuch haben wir für Eltern von Schulkindern im Alter von etwa 6 bis 12 Jahren mit einer bereits diagnostizierten Aufmerksamkeitsdefizit-/Hyperaktivitätsstörung (ADHS), aber auch für Eltern von Kindern geschrieben, bei denen Unaufmerksamkeit, Unruhe oder Impulsivität zu beobachten sind, ohne dass eine formale Diagnose vorliegt. Das Buch kann aber auch hilfreich sein für Eltern von Kindern in diesem Alter, die ausgeprägtes oppositionelles und verweigerndes Verhalten zeigen und sich nicht an Regeln halten können. Viele Kinder mit ADHS zeigen auch zusätzlich solche Verhaltensauffälligkeiten. Für andere Altersgruppen sowie für Pädagoginnen und Pädagogen gibt es noch weitere Arbeitsbücher (Hinweise siehe S. 10 und 11).

Was ist das Ziel dieses Arbeitsbuches?
Wir wollen Eltern von Schulkindern mit den genannten Problemen helfen, die Verhaltensprobleme in der Familie im Alltag besser zu bewältigen und dadurch zu vermindern.

Wie genau gehe ich bei der Arbeit mit diesem Buch vor?
Das Arbeitsbuch setzt sich aus verschiedenen Bausteinen zusammen, die Sie schrittweise nacheinander bearbeiten sollten. Nach unseren Erfahrungen hat es sich bewährt, einen Baustein in etwa ein bis zwei Wochen zu bearbeiten. Dies ist aber je nach familiärer Situation und auch zusätzlichen Aufgaben und Belastungen, die Sie haben, unterschiedlich, sodass Sie selbst ausprobieren sollten, welches Tempo für Sie günstig ist. Für das Lesen und Bearbeiten eines Bausteins sollten Sie sich etwa einen Abend in Ruhe Zeit nehmen. Es ist günstig, wenn Sie in dieser Zeit keine anderen Erledigungen machen müssen und auch Ihre Kinder schlafen oder anderweitig betreut sind. Es ist wichtig, dass Sie die Bausteine Schritt für Schritt bearbeiten, da die einzelnen Maßnahmen aufeinander aufbauen und in den ersten Bausteinen wichtige Grundlagen und Voraussetzungen für die Maßnahmen aus den weiteren Bausteinen gelegt werden. Auch sollten Sie sich zunächst auf wenige Verhaltensprobleme konzentrieren, anhand derer Sie die von uns vorgeschlagenen Techniken ausprobieren und einüben. So vermeiden Sie, sich selbst und Ihr Kind zu überfordern, und werden mit einer höheren Wahrscheinlichkeit schon bald Erfolge bemerken. Zu einem späteren Zeitpunkt können Sie dann die erlernten Techniken auch auf weitere Verhaltensprobleme Ihres Kindes anwenden.

Besonders möchten wir darauf hinweisen, dass die Maßnahmen aus Baustein 3, in dem es um die Förderung einer positiven Beziehung zu Ihrem Kind geht, während der ganzen Zeit der Arbeit mit diesem Buch (und darüber hinaus) umgesetzt werden sollten. Eine positive Eltern-Kind-Beziehung ist eine wichtige Voraussetzung für das Gelingen der weiteren Bausteine. Zudem sollten Sie beachten, dass es vor dem Einsatz negativer Konsequenzen (Baustein 6) im ersten Schritt immer wichtig ist, erwünschtes Verhalten durch Lob und positive Konsequenzen (Baustein 5) zu verstärken. Nur so kann sich das Verhalten Ihres Kindes dauerhaft festigen! Eine Ausnahme von dieser Regel des schrittweisen Vorgehens bildet Baustein 8 (Überdenken von Tagesstrukturen und der Freizeitgestaltung des Kindes sowie Möglichkeiten zur eigenen Stressreduktion). Diesen Baustein können Sie sich gerne auch schon zu einem früheren Zeitpunkt ansehen, beispielsweise, wenn Sie den Eindruck haben, dass Ihre Tagesabläufe zu wenig strukturiert sind, oder wenn Sie selbst sehr belastet sind.

Können durch die Maßnahmen aus diesem Buch auch Probleme meines Kindes in der Schule vermindert werden?

In der Regel lassen sich Probleme in dem Lebensbereich verändern, in dem die Maßnahmen ganz konkret ansetzen. Daher sollte man immer in den Lebensbereichen ansetzen, in denen die Probleme auftauchen, d.h. beispielsweise im familiären Rahmen, wenn es Probleme in der Familie gibt, oder in der Schule, wenn Verhaltensprobleme dort auftauchen. Es ist also nicht zu erwarten, dass sich auch Probleme in der Schule vermindern, wenn Sie mit diesem Buch arbeiten und es Ihnen gelingt, Verhaltensänderungen Ihres Kindes zu Hause zu erreichen. Für den schulischen Bereich gibt es ein weiteres Arbeitsbuch, das ergänzend zu Ihrer Arbeit mit diesem Buch eingesetzt werden kann:

> Döpfner, M., Eichelberger, I., Dose, C., Hanisch, C., Schürmann, S. & Wolff Metternich-Kaizman, T. (in Vorbereitung). *Den Alltag meistern mit ADHS. Das Arbeitsbuch für Lehrkräfte von Kindern im Alter von 6 bis 12 Jahren.* Göttingen: Hogrefe.

Wie kann das Arbeitsbuch eingesetzt werden?

Zunächst einmal kann das Buch von Ihnen als Eltern eigenständig eingesetzt werden, wenn Sie anhand der enthaltenen Bausteine Schritt für Schritt die Verhaltensprobleme Ihres Kindes angehen möchten. Eine weitere Möglichkeit besteht darin, dieses Arbeitsbuch unter Anleitung einer erfahrenen Fachkraft anzuwenden, beispielsweise unter Anleitung einer Psychotherapeutin/eines Psychotherapeuten oder einer Ärztin/eines Arztes oder auch einer pädagogischen Fachkraft. Dieses Arbeitsbuch kann dabei auch in Ergänzung zu anderen Behandlungen eingesetzt werden, beispielsweise zusätzlich zu einer medikamentösen Therapie oder zu psychotherapeutischen Maßnahmen.

Kann das Arbeitsbuch auch eine Therapie ersetzen?

Das Arbeitsbuch kann Ihnen dabei helfen, die Verhaltensprobleme Ihres Kindes genau zu betrachten und Lösungsansätze für diese zu finden. Manchmal sind Probleme jedoch sehr festgefahren, die Symptomatik sehr stark oder es treten zusätzliche Probleme auf, sodass Selbsthilfemaßnahmen nicht ausreichen und eine intensivere Therapie notwendig wird. Dieses Arbeitsbuch kann eine solche Therapie nicht ersetzen – denkbar wäre aber, das Arbeitsbuch ergänzend zu einer Therapie oder auch im Rahmen einer Therapie einzusetzen. Dabei können einzelne Bausteine auch mit dem jeweiligen Therapeuten oder der Therapeutin besprochen oder vertieft werden.

Was sind die Grundlagen dieses Arbeitsbuches?

Dieses Arbeitsbuch basiert auf dem *Therapieprogramm für Kinder mit hyperkinetischem und oppositionellem Problemverhalten: THOP* (Döpfner, Schürmann & Frölich, 2019), das oft von Therapeuten in der Behandlung von Kindern mit unaufmerksamem, unruhigem und impulsivem, aber auch oppositionellem Verhalten eingesetzt wird. Die Wirkung dieses Programms wurde mit guten Ergebnissen in mehreren Studien wissenschaftlich überprüft. Zudem basieren die Inhalte dieses Arbeitsbuches auf dem Elternratgeber *Wackelpeter & Trotzkopf* (Döpfner & Schürmann, 2017), der Eltern ähnlich wie das vorliegende Buch darin unterstützt, einen Umgang mit den Verhaltensproblemen ihres Kindes zu finden.

Wie wirkungsvoll sind die vorgeschlagenen Maßnahmen?

Wir haben in den letzten Jahren in mehreren wissenschaftlichen Untersuchungen überprüft, ob die Inhalte dieses Arbeitsbuches – in Verbindung mit einer telefonischen Unterstützung und Beratung – Eltern von Kindern mit Verhaltensproblemen wirklich helfen können. Bei dieser sogenannten angeleiteten Selbsthilfe erhielten die Eltern den Ratgeber *Wackelpeter & Trotzkopf* (oder davon abgeleitete Elternhefte, deren Inhalte den Inhalten dieses Buches entsprachen) zum eigenständigen Durcharbeiten. Zusätzlich erhielten sie in mehreren Telefonaten mit einer erfahrenen Therapeutin eine weitere Unterstützung. In diesen

Studien konnten wir zeigen, dass eine solche angeleitete Selbsthilfe für Eltern von Kindern, die oppositionelles, hyperaktives, impulsives oder unaufmerksames Verhalten zeigen, hilfreich ist:

- Bei Kindern, die für eine Behandlung in einer Klinik vorgestellt wurden, ließen sich deutliche Verminderungen der Verhaltensprobleme im Verlauf der Selbsthilfe beobachten (Kierfeld & Döpfner, 2006).
- In einer bundesweiten Studie konnten bei Kindern, die wegen einer Aufmerksamkeitsdefizit-/Hyperaktivitätsstörung (ADHS) bei Kinderärzten in Behandlung waren, basierend auf dem Urteil der Eltern im Verlauf der Selbsthilfe deutliche Verminderungen der Verhaltensprobleme gezeigt werden. Die Eltern berichteten von einer großen Zufriedenheit mit dem Selbsthilfeprogramm (Mokros et al., 2015). In einer Nachuntersuchung mehr als ein Jahr nach Behandlungsende konnte zudem gezeigt werden, dass sich die erzielten Effekte stabilisiert hatten (Döpfner et al., 2018).
- Bei Kindern mit einer Aufmerksamkeitsdefizit-/Hyperaktivitätsstörung (ADHS), die trotz einer medikamentösen Therapie noch Verhaltensauffälligkeiten zeigten, konnten diese Probleme durch die angeleitete Selbsthilfe weiter vermindert werden (Dose et al., 2017).
- In einer weiteren Studie konnte gezeigt werden, dass eine angeleitete Selbsthilfe auf der Grundlage der Inhalte dieses Arbeitsbuches tendenziell einer anderen Form der angeleiteten Selbsthilfe überlegen ist, wobei sich im weiteren Verlauf keine Unterschiede zwischen beiden Formen der Selbsthilfe mehr zeigten und beide Formen gleichermaßen wirkungsvoll waren (Hautmann et al., 2018).

Gibt es noch weitere Hilfen bei der Anwendung dieses Arbeitsbuches?

Wir können Ihnen noch zwei weitere Hilfen anbieten, die Ihnen bei der Umsetzung der Empfehlungen in diesem Buch helfen können:

- Basierend auf *Wackelpeter & Trotzkopf* wurde die App *ADHS-Kids: Eltern helfen ihren hyperaktiven und trotzigen Kindern* (für iOS und Android in den jeweiligen App-Stores erhältlich) entwickelt. Diese App kann Sie dabei unterstützen, problematische Situationen im Familienalltag in den Griff zu bekommen.
- Der *ADHS-Elterntrainer* ist ein kostenloses Online-Selbsthilfeprogramm der AOK Gesundheitskasse, das auf den gleichen Prinzipien beruht wie das vorliegende Arbeitsbuch (ADHS-Elterntrainer: https://adhs.aok.de). Sie haben dort die Möglichkeit, typische Problemsituationen und die Umsetzung der Empfehlungen, die auch Thema dieses Buches sind, anhand von kleinen Filmsequenzen zu betrachten. Sie können sich dort nochmals konkrete Lösungsmöglichkeiten für die alltäglichen Probleme anschauen.

Gibt es weitere Arbeitsbücher für andere Altersgruppen und gibt es auch Arbeitsbücher für Pädagoginnen und Pädagogen?

Ja, es wurden Selbsthilfe-Arbeitsbücher für verschiedene Altersgruppen entwickelt. Neben den Selbsthilfe-Arbeitsbüchern für Eltern gibt es für das Vorschul- und Schulalter Arbeitsbücher für Lehrkräfte und pädagogische Fachkräfte.

Für Bezugspersonen von Kindern im Kindergartenalter von 3 bis 6 Jahren:

> Döpfner, M., Wolff Metternich-Kaizman, T., Dose, C., Katzmann, J., Mokros, L., Scholz, K. & Schürmann, S. (in Vorbereitung). *Den Alltag meistern mit ADHS. Das Arbeitsbuch für Eltern von Kindergartenkindern*. Göttingen: Hogrefe.
>
> Döpfner, M., Plück, J., Dose, C., Eichelberger, I., Schürmann, S. & Wolff Metternich-Kaizman, T. (in Vorbereitung). *Den Alltag meistern mit ADHS. Das Arbeitsbuch für pädagogische Fachkräfte von Kindern im Alter von 3 bis 6 Jahren*. Göttingen: Hogrefe.

Für Bezugspersonen von Schulkindern im Alter von 6 bis 12 Jahren:

Das vorliegende Arbeitsbuch ➔ Döpfner, M., Dose, C., Katzmann, J., Mokros, L., Scholz, K., Schürmann, S. & Wolff Metternich-Kaizman, T. (2021). *Den Alltag meistern mit ADHS. Das Arbeitsbuch für Eltern von Schulkindern*. Göttingen: Hogrefe.

Döpfner, M., Eichelberger, I., Dose, C., Hanisch, C., Schürmann, S. & Wolff Metternich-Kaizman, T. (in Vorbereitung). *Den Alltag meistern mit ADHS. Das Arbeitsbuch für Lehrkräfte von Kindern im Alter von 6 bis 12 Jahren*. Göttingen: Hogrefe.

Literatur

Döpfner, M., Liebermann-Jordanidis, H., Kinnen, C., Hallberg, N., Mokros, L., Benien, N. ... Dose, C. (2018). Long-term effectiveness of guided self-help for parents of children with ADHD in routine care – an observational study. *Journal of Attention Disorders* [advance online publication]. https://doi.org/10.1177/1087054718810797

Döpfner, M., Schürmann, S. & Frölich, J. (2019). *Therapieprogramm für Kinder mit hyperkinetischem und oppositionellem Problemverhalten: THOP* (6., überarbeitete und erweiterte Auflage). Weinheim: Beltz.

Döpfner, M. & Schürmann, S. (2017). *Wackelpeter & Trotzkopf. Hilfen für Eltern bei ADHS-Symptomen, hyperkinetischem und oppositionellem Verhalten* (5., aktualisierte Auflage). Weinheim: Beltz.

Dose, C., Hautmann, C., Buerger, M., Schuermann, S., Woitecki, K. & Doepfner, M. (2017). Telephone-assisted self-help for parents of children with attention-deficit/hyperactivity disorder who have residual functional impairment despite methylphenidate treatment: a randomized controlled trial. *Journal of Child Psychology and Psychiatry, 58*, 682–690.

Hautmann, C., Dose, C., Duda-Kirchhof, K., Greimel, L., Hellmich, M., Imort, S. ... Döpfner, M. (2018). Behavioral versus nonbehavioral guided self-help for parents of children with externalizing disorders in a randomized controlled trial. *Behavior Therapy, 49*, 951–965.

Kierfeld, F. & Döpfner, M. (2006). Bibliotherapie als Behandlungsmöglichkeit bei Kindern mit externalen Verhaltensstörungen. *Zeitschrift für Kinder- und Jugendpsychiatrie und Psychotherapie, 34,* 377–386.

Mokros, L., Benien, N., Mütsch, A., Kinnen, C., Schürmann, S., Wolf Metternich-Kaizman, T. ... Döpfner, M. (2015). Angeleitete Selbsthilfe für Eltern von Kindern mit Aufmerksamkeitsdefizit-/Hyperaktivitätsstörung: Konzept, Inanspruchnahme und Effekte eines bundesweiten Angebotes – eine Beobachtungsstudie. *Zeitschrift für Kinder- und Jugendpsychiatrie und Psychotherapie, 43,* 275–288.

Baustein 1

Wir nehmen die Probleme unter die Lupe

Materialien zum Baustein 1
Arbeitsblatt 1: Elternfragebogen über Problemsituationen in der Familie
Arbeitsblatt 2: Analysebogen – Verhaltensauffälligkeiten meines Kindes
Arbeitsblatt 3: Problemliste – Verhaltensprobleme meines Kindes in der Familie
Arbeitsblatt 4: Probleme und Stärken in unserer Familie

→ Sie finden die Materialien am Ende des Bausteins (s. Seite 30) und als PDF-Download (s. Seite 168).

Kennen Sie das?

Lukas ist eine richtige kleine Nervensäge! Den ganzen Tag ist er auf Achse und macht nur Probleme. Schon beim Aufstehen geht das Theater los: Er will nicht aus dem Bett, sich nicht waschen oder anziehen und trödelt nur oder tobt einfach herum. Schon nach kurzer Zeit ist Lukas' Mutter völlig fertig mit den Nerven. Außerdem macht Lukas einfach nicht, was sie sagt: „Lukas, geh dir die Zähne putzen!" Das geht ins linke Ohr hinein und rechts wieder hinaus. Lukas' Mutter wiederholt es immer wieder und wird immer wütender, weil Lukas einfach nicht hört und sie noch nicht einmal ansieht. Dann reicht es ihr! „Du brauchst gar nicht zu glauben, dass du heute Nachmittag deine Freunde treffen darfst, wenn du dich jetzt nicht vernünftig fertigmachst! … Und Fernsehen ist für heute auch gestrichen!" Aber meist nützen diese Drohungen auch nichts und die Mutter gibt entnervt auf. Und dann geht Lukas später doch zu seinen Freunden oder sieht fern, weil die Mutter einfach nicht die Kraft hat, es ihm zu verbieten.

Aber damit nicht genug: Lukas ist nicht die einzige Sorge seiner Mutter. Lukas' Vater hat im Moment so viel auf der Arbeit zu tun, dass er abends oft erst sehr spät und ganz müde nach Hause kommt. Daher kann er Lukas' Mutter zurzeit auch nicht in der Familie unterstützen. Früher hat Lukas' Papa auch mal etwas mit Lukas unternommen oder mit ihm gespielt. Jetzt ist er allerdings oft so gereizt, dass er Lukas schon bei jeder Kleinigkeit ausschimpft. Auch die Eltern geraten dann oft aneinander. Lukas' Mutter hat außerdem oft Streit mit der Oma, weil diese meint, Lukas sei gar nicht schwierig, sondern die Mutter wisse nur nicht, wie man mit ihm richtig umgehe.

Was wollen wir in diesem Baustein erreichen?

Liebe Eltern!

Wir nehmen die Probleme unter die Lupe! Warum das? Lukas' Mutter aus dem Beispiel ist so am Ende ihrer Kraft, dass sie das Gefühl hat, dass eigentlich alles mit Lukas schiefläuft. Es muss nicht immer ganz so schlimm sein wie in unserem Beispiel, aber vielleicht geht es Ihnen zumindest manchmal auch so. Wir wollen Ihnen mit diesem Arbeitsbuch dabei helfen, solche Probleme zu lösen oder sie zumindest zu vermindern. In diesem Baustein helfen wir Ihnen zunächst in drei Teilen, die Probleme unter die Lupe zu nehmen. Teilweise sehen dadurch manche Probleme schon anders aus, auf jeden Fall ist dies aber eine wichtige Voraussetzung für die weiteren Schritte.

Im ersten Teil dieses Bausteins wollen wir Ihnen dabei helfen, sich Klarheit über die *Verhaltensprobleme Ihres Kindes* zu verschaffen. Nur wenn Sie die Schwierigkeiten Ihres Kindes ganz genau beschreiben, können Sie auch Lösungen für die Probleme finden. Wer konkrete Lösungen finden möchte, braucht dazu eine konkrete Problembeschreibung.

Im zweiten Teil wollen wir Ihnen helfen, die *Stärken und Schwächen in Ihrer Familie* zu erkennen. Um die Verhaltensprobleme Ihres Kindes in den Griff zu bekommen, ist es nämlich nicht nur wichtig, die Eigenschaften, Probleme/Schwächen und Stärken des Kindes zu kennen, sondern auch die *Eigenschaften, Probleme und Stärken der Eltern* sowie die *Belastungen und Stärken der Familie*. So wird für die Mutter von Lukas alles noch dadurch erschwert, dass ihr Mann momentan viel im Büro zu tun hat und sie deshalb auch nur wenig unterstützen kann. Diese drei Faktoren (Kind, Eltern, gesamte Familie) wollen wir also im zweiten Teil dieses Bausteins näher beleuchten und mit Ihnen gemeinsam die möglichen Zusammenhänge zwischen diesen Faktoren und den Verhaltensproblemen Ihres Kindes herausarbeiten. Die Stärken und Fähigkeiten aller Beteiligten können Sie zur Bewältigung der Probleme und Belastungen nutzen.

Im dritten Teil lernen Sie den *Teufelskreis* kennen, in den viele Familien mit unruhigen, impulsiven, unaufmerksamen oder aggressiven und leicht reizbaren Kindern geraten. Je mehr Verhaltensprobleme Kinder haben, desto häufiger finden sich Familien in diesem Teufelskreis wieder. Im dritten Teil geht es darum, Ihnen zunächst einmal den Teufelskreis zu erklären und anschließend eine erste Vorstellung davon zu geben, wie man aus diesem Teufelskreis wieder ausbrechen kann.

In den noch folgenden Bausteinen werden wir Ihnen dann einzelne Hilfen vorstellen, um aus dem Teufelskreis wieder herauszukommen.

Nehmen Sie sich etwas Zeit, um diesen Baustein durchzuarbeiten. Wir bitten Sie, die Arbeitsblätter auszufüllen, die Sie am Ende des Bausteins finden. Dies ist eine wichtige Voraussetzung für das Vorgehen in den anschließenden Bausteinen. Die folgenden Bausteine werden dann mehr konkrete Tipps zur Bewältigung der Probleme geben.

Das kann Ihnen helfen!

Teil 1: Verschaffen Sie sich Klarheit über die Verhaltensprobleme Ihres Kindes

Eltern von Kindern mit Verhaltensproblemen haben häufig den Eindruck, dass ihr Kind überall Schwierigkeiten hat und so gut wie alles mit dem Kind schiefläuft. Da die problematischen Situationen in der Familie so sehr im Vordergrund stehen und überhandnehmen, fällt es den Eltern meist schwer, einzelne Probleme genauer zu beschreiben und zwischen verschiedenen Problembereichen zu unterscheiden. Das ist sehr verständlich! Es ist jedoch unbedingt notwendig, dass Sie sich als Eltern genau klarmachen, was sich auf welche Weise ändern muss, wenn Sie Veränderungen im Verhalten Ihres Kindes erreichen möchten. Dafür müssen Sie also zunächst klären, wo die Schwierigkeiten und Probleme im Einzelnen liegen. Bei dieser sicher nicht ganz einfachen Aufgabe wollen wir Ihnen in diesem ersten Teil mit den folgenden Hinweisen helfen:

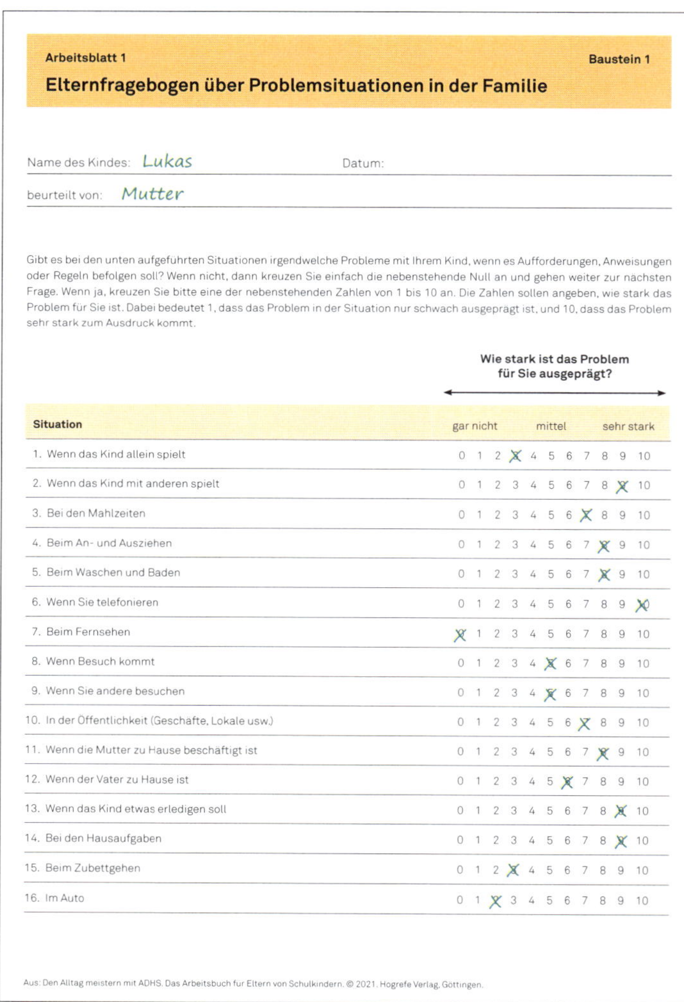

Arbeitsblatt 1 Baustein 1

Elternfragebogen über Problemsituationen in der Familie

Name des Kindes: Lukas Datum:

beurteilt von: Mutter

Gibt es bei den unten aufgeführten Situationen irgendwelche Probleme mit Ihrem Kind, wenn es Aufforderungen, Anweisungen oder Regeln befolgen soll? Wenn nicht, dann kreuzen Sie einfach die nebenstehende Null an und gehen weiter zur nächsten Frage. Wenn ja, kreuzen Sie bitte eine der nebenstehenden Zahlen von 1 bis 10 an. Die Zahlen sollen angeben, wie stark das Problem für Sie ist. Dabei bedeutet 1, dass das Problem in der Situation nur schwach ausgeprägt ist, und 10, dass das Problem sehr stark zum Ausdruck kommt.

Wie stark ist das Problem für Sie ausgeprägt?

Situation	gar nicht					mittel					sehr stark
1. Wenn das Kind allein spielt	0	1	2	X	4	5	6	7	8	9	10
2. Wenn das Kind mit anderen spielt	0	1	2	3	4	5	6	7	8	X	10
3. Bei den Mahlzeiten	0	1	2	3	4	5	6	X	8	9	10
4. Beim An- und Ausziehen	0	1	2	3	4	5	6	7	X	9	10
5. Beim Waschen und Baden	0	1	2	3	4	5	6	7	X	9	10
6. Wenn Sie telefonieren	0	1	2	3	4	5	6	7	8	9	X
7. Beim Fernsehen	X	1	2	3	4	5	6	7	8	9	10
8. Wenn Besuch kommt	0	1	2	3	4	X	6	7	8	9	10
9. Wenn Sie andere besuchen	0	1	2	3	4	X	6	7	8	9	10
10. In der Öffentlichkeit (Geschäfte, Lokale usw.)	0	1	2	3	4	5	6	X	8	9	10
11. Wenn die Mutter zu Hause beschäftigt ist	0	1	2	3	4	5	6	7	X	9	10
12. Wenn der Vater zu Hause ist	0	1	2	3	4	5	X	7	8	9	10
13. Wenn das Kind etwas erledigen soll	0	1	2	3	4	5	6	7	8	X	10
14. Bei den Hausaufgaben	0	1	2	3	4	5	6	7	8	X	10
15. Beim Zubettgehen	0	1	2	X	4	5	6	7	8	9	10
16. Im Auto	0	1	X	3	4	5	6	7	8	9	10

Abbildung 1:
Elternfragebogen über Problemsituationen in der Familie (Arbeitsblatt 1)

1. Bearbeiten Sie den Elternfragebogen über Problemsituationen in der Familie.

Nehmen Sie den *Elternfragebogen über Problemsituationen in der Familie* (Arbeitsblatt 1; siehe Abbildung 1) zur Hand und bearbeiten Sie diesen für Ihr Kind. Sie können sich anhand dieses Fragebogens darüber Klarheit verschaffen, welche Situationen in Ihrer Familie besonders problematisch sind. Für jede einzelne Situation können Sie auf dem Fragebogen einschätzen, wie stark das Problem für Sie ausgeprägt ist, von „gar nicht" bis „sehr stark". Da Eltern die Verhaltensprobleme oft unterschiedlich sehen, können Sie auch Ihrem Partner oder Ihrer Partnerin eine Kopie dieses Bogens geben. So können Sie und Ihr Partner oder Ihre Partnerin die möglicherweise problematischen Situationen zu Hause unabhängig voneinander beurteilen. Bitte wundern Sie sich nicht, wenn sich größere Unterschiede in der Beurteilung zwischen Ihnen und Ihrem Partner oder Ihrer Partnerin ergeben – das ist nicht ungewöhnlich! Sprechen Sie in diesem Falle miteinander über die Unterschiede. Verschiedene Menschen können das gleiche Verhalten unterschiedlich wahrnehmen, und Kinder verhalten sich zudem gegenüber verschiedenen Personen und in verschiedenen Situationen häufig unterschiedlich.

2. Wählen Sie nun zwei Verhaltensprobleme oder Problemsituationen aus, die Sie als belastend erleben.

Gehen Sie nun Arbeitsblatt 1 noch einmal durch und wählen Sie zwei Verhaltensprobleme oder Problemsituationen in der Familie aus, die für Sie oder Ihr Kind sehr belastend sind und die Sie verändern möchten. Diese wollen wir im Folgenden gemeinsam mit Ihnen genauer betrachten. Für den Anfang ist es dabei günstig, Verhaltensprobleme oder Problemsituationen auszuwählen, die möglichst klar zu umschreiben sind.

3. Analysieren Sie die Verhaltensprobleme Ihres Kindes.

Nehmen Sie den *Analysebogen: Verhaltensauffälligkeiten meines Kindes* (Arbeitsblatt 2) zur Hand. Der Analysebogen ist am Ende des Bausteins zweimal abgedruckt, damit Sie die beiden ausgewählten Verhaltensprobleme, die Sie als erstes betrachten möchten, analysieren können. Natürlich können Sie den Analysebogen über den Download auch beliebig oft ausdrucken, um nach und nach weitere Problembereiche zu analysieren.

Die schrittweise Beantwortung der Fragen auf dem Analysebogen ermöglicht es Ihnen, die ausgewählten Verhaltensprobleme Ihres Kindes möglichst detailliert zu betrachten. Um Ihnen diese Aufgabe zu erleichtern, haben wir einen Analysebogen beispielhaft für Sie ausgefüllt (siehe Abbildung 2).

Wenn Sie Schwierigkeiten haben, die Fragen zu beantworten, ist das von Ihnen ausgewählte Problem möglicherweise zu vielschichtig. Versuchen Sie dann, das Problem in mehrere Einzelprobleme zu unterteilen oder sich auf Teilprobleme zu konzentrieren (z. B. statt „schimpft und mault bei allen Gelegenheiten" besser „schimpft und mault, wenn ich ihm sage, dass er sein Zimmer aufräumen soll").

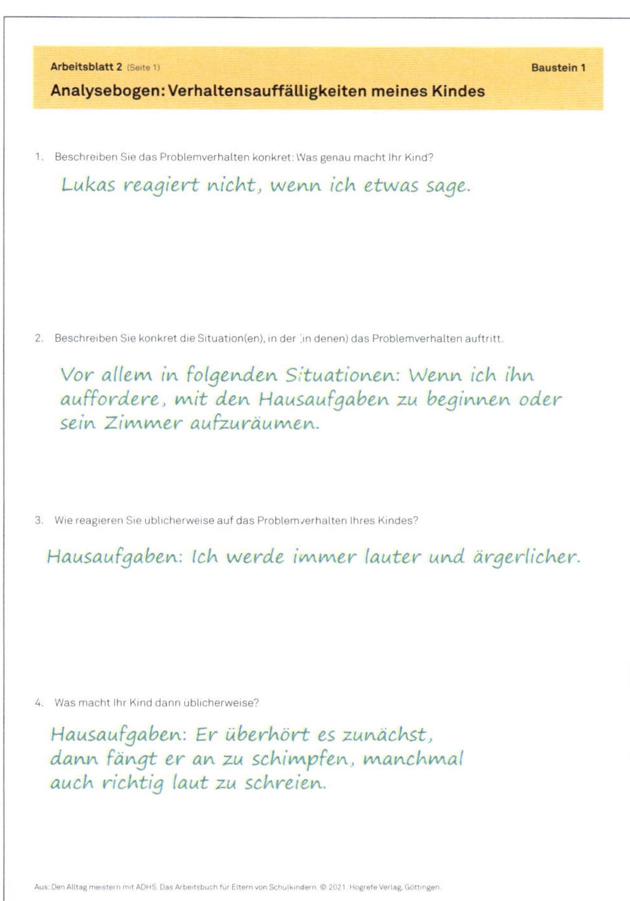
Arbeitsblatt 2 (Seite 1) Baustein 1

Analysebogen: Verhaltensauffälligkeiten meines Kindes

1. Beschreiben Sie das Problemverhalten konkret: Was genau macht Ihr Kind?
   Lukas reagiert nicht, wenn ich etwas sage.

2. Beschreiben Sie konkret die Situation(en), in der (in denen) das Problemverhalten auftritt.
   Vor allem in folgenden Situationen: Wenn ich ihn auffordere, mit den Hausaufgaben zu beginnen oder sein Zimmer aufzuräumen.

3. Wie reagieren Sie üblicherweise auf das Problemverhalten Ihres Kindes?
   Hausaufgaben: Ich werde immer lauter und ärgerlicher.

4. Was macht Ihr Kind dann üblicherweise?
   Hausaufgaben: Er überhört es zunächst, dann fängt er an zu schimpfen, manchmal auch richtig laut zu schreien.

Arbeitsblatt 2 (Seite 2) Baustein 1

Analysebogen: Verhaltensauffälligkeiten meines Kindes

5. Wie geht die Situation meistens zu Ende?
   Hausaufgaben: Meistens brülle ich ihn so an und drohe mit Zimmerarrest, dass er schließlich mit den Hausaufgaben beginnt.

6. Wie oft tritt dieses Problemverhalten auf?
   (Immer, in mehr als der Hälfte der Situationen, in weniger als der Hälfte der Situationen)
   Fast täglich.

7. Kommt es vor, dass das Problemverhalten gar nicht oder nur in schwächerer Form auftritt?
   Wenn wenig Hausaufgaben auf sind oder wenn keine Rechenaufgaben gemacht werden müssen.

8. Wie reagieren Sie, wenn sich Ihr Kind in solchen Situationen weniger problematisch oder angemessen verhält?
   Hausaufgaben: Ich sage entweder nichts oder „Warum denn nicht gleich so?"

Abbildung 2:
Ausgefüllter *Analysebogen: Verhaltensauffälligkeiten meines Kindes* (Arbeitsblatt 2)

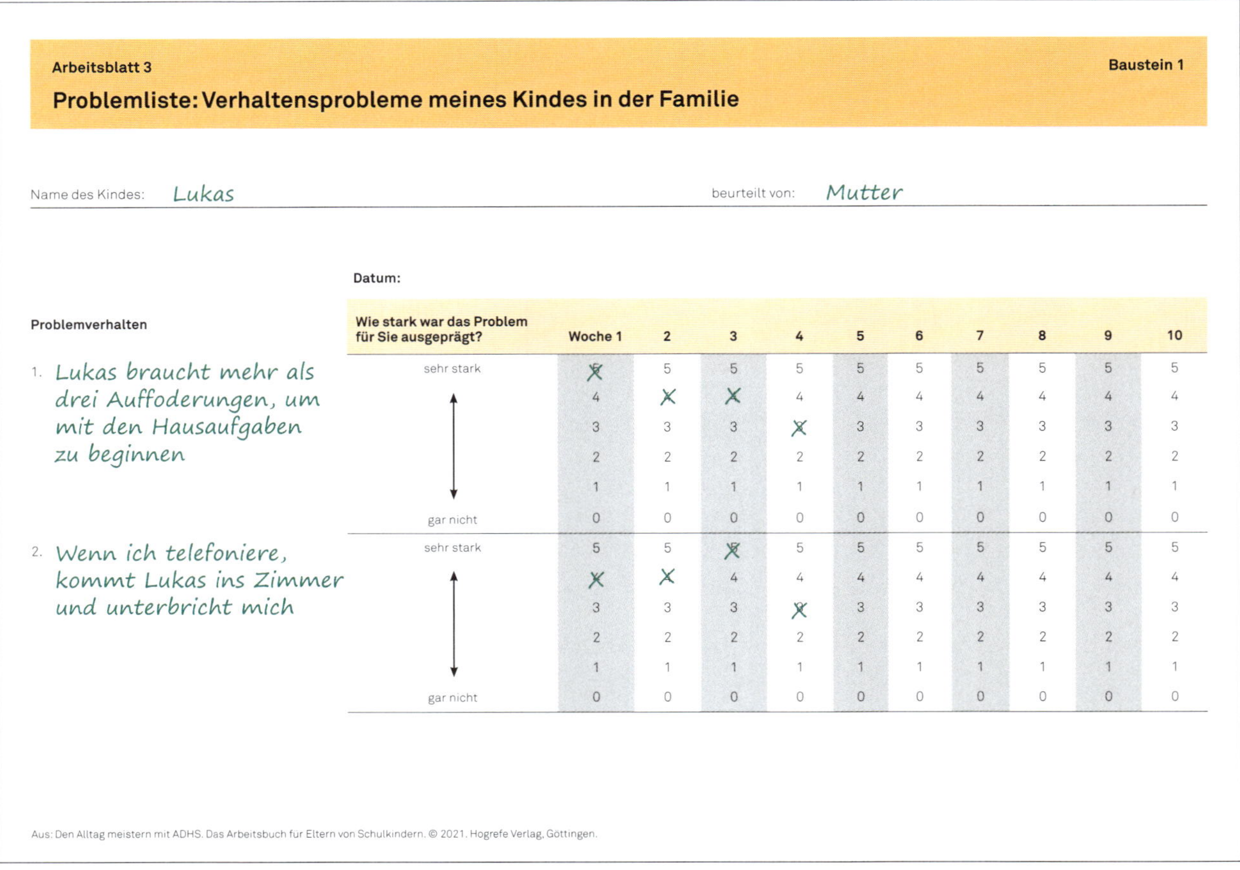

Arbeitsblatt 3 | **Baustein 1**

Problemliste: Verhaltensprobleme meines Kindes in der Familie

Name des Kindes: Lukas beurteilt von: Mutter

Datum:

Problemverhalten	Wie stark war das Problem für Sie ausgeprägt?	Woche 1	2	3	4	5	6	7	8	9	10
1. Lukas braucht mehr als drei Auffoderungen, um mit den Hausaufgaben zu beginnen	sehr stark	X	5	5	5	5	5	5	5	5	5
		4	X	X	4	4	4	4	4	4	4
		3	3	3	X	3	3	3	3	3	3
		2	2	2	2	2	2	2	2	2	2
		1	1	1	1	1	1	1	1	1	1
	gar nicht	0	0	0	0	0	0	0	0	0	0
2. Wenn ich telefoniere, kommt Lukas ins Zimmer und unterbricht mich	sehr stark	5	5	X	5	5	5	5	5	5	5
		X	X	4	4	4	4	4	4	4	4
		3	3	3	X	3	3	3	3	3	3
		2	2	2	2	2	2	2	2	2	2
		1	1	1	1	1	1	1	1	1	1
	gar nicht	0	0	0	0	0	0	0	0	0	0

Abbildung 3:
Ausgefüllte *Problemliste: Verhaltensprobleme meines Kindes in der Familie* (Arbeitsblatt 3)

4. Übertragen Sie die von Ihnen ausgewählten Verhaltensprobleme in die Problemliste.
Nehmen Sie die *Problemliste: Verhaltensprobleme meines Kindes in der Familie* (Arbeitsblatt 3) zur Hand. In diese Problemliste können Sie zwei konkrete Verhaltensprobleme in die Spalte „Problemverhalten" auf der linken Seite eintragen. Um Ihnen die Formulierung der Verhaltensprobleme zu erleichtern, haben wir Ihnen einmal eine beispielhaft ausgefüllte Problemliste abgedruckt (siehe Abbildung 3).

Die von Ihnen gewählten Probleme können Sie nun in den kommenden Wochen einmal wöchentlich für die jeweils vorausgegangene Woche beurteilen. Am günstigsten ist es, wenn Sie sich einen festen Wochentag für diese Einschätzung auswählen. Es ist wichtig, dass Sie dieses Arbeitsblatt über die gesamte Zeit der Arbeit mit diesem Buch aufbewahren und griffbereit haben. Die Problemliste ermöglicht Ihnen einen genauen Überblick über den Verlauf der Probleme in der nächsten Zeit. Hauptziel der Arbeit mit diesem Buch ist es, genau diese von Ihnen angegebenen Probleme zu vermindern.

In den Wochenspalten können Sie beurteilen, wie stark das Problem für Sie in der jeweils vorausgegangenen Woche ausgeprägt war. Dabei bedeutet eine Stärke von 5, dass das Problem für Sie kaum aushaltbar war. Eine Problemstärke von 0 sagt aus, dass die Situation in der Woche ohne Probleme verlaufen ist. Manchmal kann es vorkommen, dass ein Problemverhalten in der letzten Woche gar nicht auftreten konnte, z. B. das Problem „Lukas braucht mehr als drei Aufforderungen, um mit den Hausaufgaben zu beginnen." ergibt sich in den Schulferien gar nicht. Dann streichen Sie die Spalte für die entsprechende Woche einfach durch.

Teil 2:
Erkennen Sie die Stärken und Schwächen in Ihrer Familie

Die Verhaltensprobleme Ihres Kindes stehen nicht für sich allein, sondern werden von den Stärken und den Schwächen in Ihrer Familie beeinflusst. Wir haben versucht, dies in der folgenden Abbildung deutlich zu machen:

© Klaus Gehrmann

Im „Scheinwerferlicht" stehen die konkreten Verhaltensprobleme Ihres Kindes, Ihre Wahrnehmung dieser Verhaltensprobleme und Ihre Reaktionen darauf. Diese Aspekte können aber nicht unabhängig voneinander gesehen werden, sondern werden von weiteren Faktoren beeinflusst. Die folgenden drei „Scheinwerfer" haben einen Einfluss:

- die Eigenschaften Ihres Kindes, seine Probleme/Schwächen und seine Stärken,
- die Eigenschaften der Eltern, ihre Probleme/Schwächen und Stärken sowie
- die Belastungen und Stärken der Familie insgesamt.

Es ist also wichtig, sich diese drei Faktoren bewusst zu machen und zu verstehen, wie sie möglicherweise mit den Verhaltensproblemen Ihres Kindes zusammenhängen. Aber auch die Stärken Ihres Kindes und Ihrer Familie sollen neben den Problemen nicht zu kurz kommen! Es ist wichtig, dass Sie sich neben den Problemen/Schwächen auch Ihrer Stärken bewusst werden. Diese können Ihnen bei der Bewältigung Ihrer Probleme und Belastungen eine große Hilfe sein.

Notieren Sie im Folgenden alles, was Ihnen zu den einzelnen Punkten auf dem *Arbeitsblatt 4: Probleme und Stärken in unserer Familie*, das Sie am Ende dieses Bausteins finden, einfällt. Tun Sie dies unabhängig davon, ob Sie denken, dass diese Punkte in Zusammenhang mit den Verhaltensschwierigkeiten Ihres Kindes stehen oder nicht. Um Ihnen das Ausfüllen zu erleichtern, haben wir Ihnen dieses Arbeitsblatt schon einmal beispielhaft ausgefüllt (siehe Abbildung 4 auf Seite 20).

1. Eigenschaften Ihres Kindes: Probleme und Stärken

Nachfolgend finden Sie eine Liste mit Grundproblemen, die häufiger gemeinsam mit konkreten Verhaltensproblemen von Kindern auftreten. Schreiben Sie bitte auf, welche Eigenschaften für Ihr Kind gelten. Notieren Sie diese Eigenschaften auch dann, wenn sie Ihrer Meinung nach nicht für die Verhaltensprobleme Ihres Kindes verantwortlich sind. Gemeint sind hier allgemeine Eigenschaften Ihres Kindes, die Sie aus verschiedensten Lebenssituationen von ihm kennen. Beispielsweise zeigen viele Kinder mit ADHS eine nahezu durchgängige körperliche Unruhe.

Wir haben Ihnen hier einige mögliche Probleme aufgelistet:

- Gesundheitsprobleme (z. B. Allergien, Asthma),
- äußeres Erscheinungsbild (z. B. zu groß für sein Alter, körperlich ungeschickt),

- Entwicklungsverzögerungen oder Leistungsschwächen (z. B. Sprachschwierigkeiten, Koordinationsstörungen, Rechtschreibprobleme),
- Überaktivität, ständige Unruhe, starker Bewegungsdrang,
- Konzentrationsprobleme,
- impulsives Verhalten (das Kind handelt erst, bevor es überlegt),

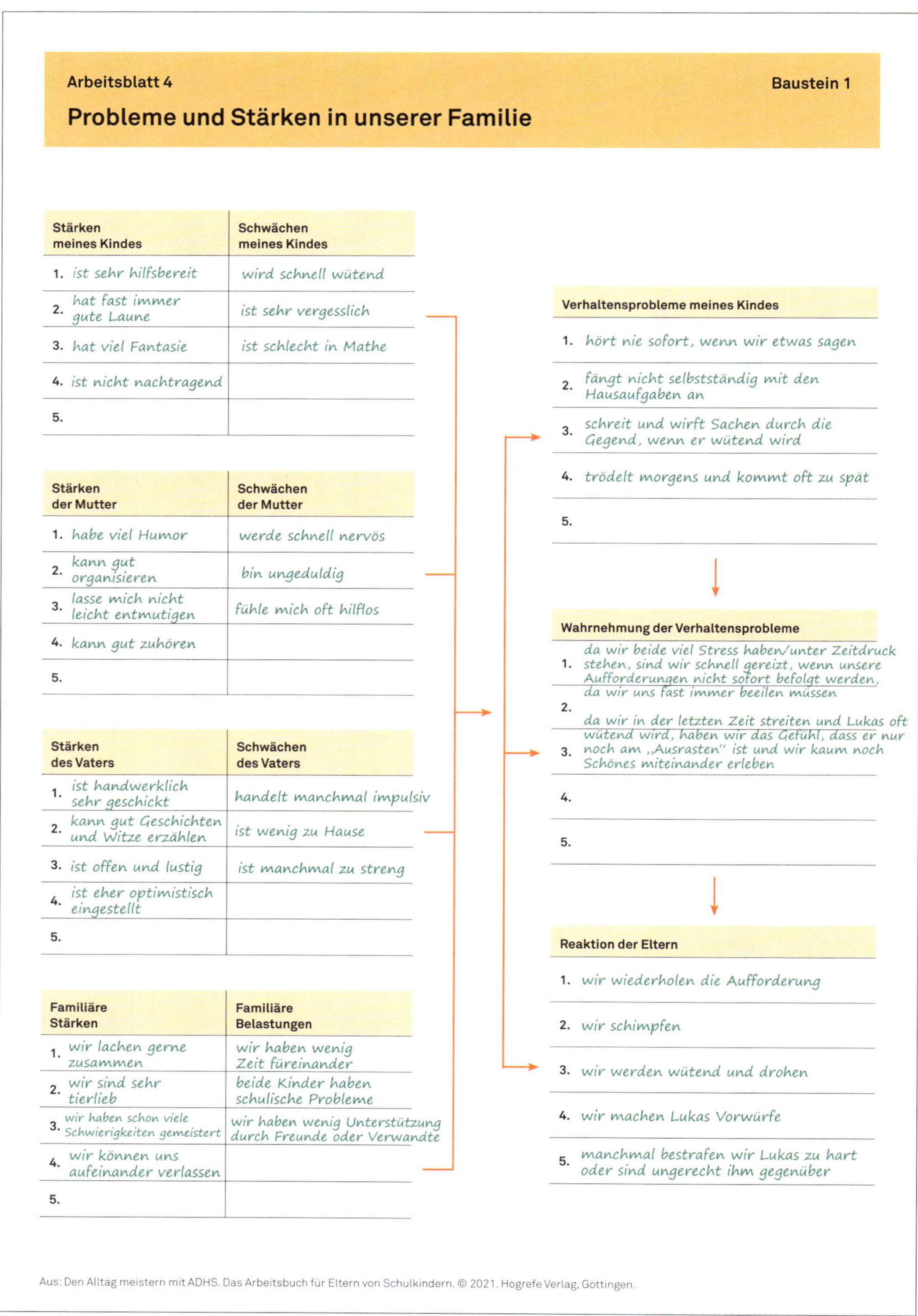

Arbeitsblatt 4 — Baustein 1

Probleme und Stärken in unserer Familie

	Stärken meines Kindes	Schwächen meines Kindes
1.	ist sehr hilfsbereit	wird schnell wütend
2.	hat fast immer gute Laune	ist sehr vergesslich
3.	hat viel Fantasie	ist schlecht in Mathe
4.	ist nicht nachtragend	
5.		

	Stärken der Mutter	Schwächen der Mutter
1.	habe viel Humor	werde schnell nervös
2.	kann gut organisieren	bin ungeduldig
3.	lasse mich nicht leicht entmutigen	fühle mich oft hilflos
4.	kann gut zuhören	
5.		

	Stärken des Vaters	Schwächen des Vaters
1.	ist handwerklich sehr geschickt	handelt manchmal impulsiv
2.	kann gut Geschichten und Witze erzählen	ist wenig zu Hause
3.	ist offen und lustig	ist manchmal zu streng
4.	ist eher optimistisch eingestellt	
5.		

	Familiäre Stärken	Familiäre Belastungen
1.	wir lachen gerne zusammen	wir haben wenig Zeit füreinander
2.	wir sind sehr tierlieb	beide Kinder haben schulische Probleme
3.	wir haben schon viele Schwierigkeiten gemeistert	wir haben wenig Unterstützung durch Freunde oder Verwandte
4.	wir können uns aufeinander verlassen	
5.		

	Verhaltensprobleme meines Kindes
1.	hört nie sofort, wenn wir etwas sagen
2.	fängt nicht selbstständig mit den Hausaufgaben an
3.	schreit und wirft Sachen durch die Gegend, wenn er wütend wird
4.	trödelt morgens und kommt oft zu spät
5.	

	Wahrnehmung der Verhaltensprobleme
1.	da wir beide viel Stress haben/unter Zeitdruck stehen, sind wir schnell gereizt, wenn unsere Aufforderungen nicht sofort befolgt werden,
2.	da wir uns fast immer beeilen müssen
3.	da wir in der letzten Zeit streiten und Lukas oft wütend wird, haben wir das Gefühl, dass er nur noch am „Ausrasten" ist und wir kaum noch Schönes miteinander erleben
4.	
5.	

	Reaktion der Eltern
1.	wir wiederholen die Aufforderung
2.	wir schimpfen
3.	wir werden wütend und drohen
4.	wir machen Lukas Vorwürfe
5.	manchmal bestrafen wir Lukas zu hart oder sind ungerecht ihm gegenüber

Abbildung 4:
Ausgefülltes *Arbeitsblatt 4: Probleme und Stärken in unserer Familie*

- leichte Erregbarkeit, „hitziges“ Temperament („Geht schnell an die Decke!“),
- Ängste, Unsicherheit, Selbstwertprobleme,
- Ess-, Verdauungs- oder Schlafprobleme.

 Schreiben Sie sich aber auch die Stärken Ihres Kindes auf!

Hier einige Beispiele für Stärken des Kindes:
- Einfallsreichtum,
- witzig, lebendig, aktiv, temperamentvoll,
- starker Gerechtigkeitssinn, kann sich auch mutig für etwas oder jemanden einsetzen,
- kann sehr gut verzeihen, ist nicht nachtragend, nicht „hintenherum“,
- ist an vielem interessiert,
- sportlich.

 Welche Probleme von den eben genannten Beispielen sehen Sie bei Ihrem Kind und welche fallen Ihnen sonst noch ein?

 Welche Stärken Ihres Kindes fallen Ihnen ein?

2. Eigenschaften der Mutter: Stärken und Schwächen

Denken Sie im nächsten Schritt einmal darüber nach, welche problematischen Eigenschaften Sie bei sich selbst als Mutter (bzw. Sie bei Ihrer Partnerin) sehen. Zur Unterstützung haben wir Ihnen auch hier einige Beispiele aufgelistet. Notieren Sie wieder alle Ihre Eigenschaften, auch wenn Sie vermuten, dass sie nicht in Zusammenhang mit den Verhaltensproblemen Ihres Kindes stehen:

- Gesundheitsprobleme (z. B. häufige Kopfschmerzen, Rückenschmerzen, Allergien),
- emotionale Probleme (z. B. Mutter fühlt sich von der Familie alleingelassen, Stimmungsschwankungen, Gefühle von Hilflosigkeit, Hoffnungslosigkeit oder Ängste),
- eigene Unruhe, Überaktivität, Nervosität, allgemeine Anspannung,
- eigene Konzentrationsschwierigkeiten, Probleme, den Tagesablauf zu strukturieren, Termindruck,
- impulsives Verhalten (z. B. bei der Erziehung, Handlungen werden später wieder bereut),

- leichte Erregbarkeit, „hitziges" Temperament,
- andere Eigenschaften oder Probleme (z.B. Probleme mit Alkohol oder mit Medikamenten),
- Probleme am Arbeitsplatz (z.B. wenig Verständnis von Chef oder Kollegen für die Situation als Mutter, Mobbing).

Notieren Sie sich auch Ihre Stärken (auch wenn Sie diese als „Selbstverständlichkeiten" einschätzen). Möglicherweise können Ihnen diese bei der Bewältigung von Problemen helfen.

Hier einige Beispiele für Stärken der Mutter:
- aktiv, lebensfroh, temperamentvoll,
- nehme mir viel Zeit für mein Kind und unternehme etwas mit ihm,
- albere gerne mit meinem Kind herum,
- setze mich für mein Kind ein,
- kann gut verzeihen,
- bin sehr „anpackend" im Umgang mit Problemen, es gelingt mir oft, zufriedenstellende Lösungen zu finden,
- kann gut zuhören,
- blicke zuversichtlich in die Zukunft,
- habe soziale Unterstützung von Freundinnen und meinen Eltern,
- bin vielseitig interessiert,
- habe ein Hobby, bei dem ich gut entspannen kann.

Was sind die Stärken und Schwächen der Mutter?

3. Eigenschaften des Vaters: Stärken und Schwächen

Welche Eigenschaften schreiben Sie sich selbst als Vater (bzw. Sie Ihrem Partner) zu? Um Ihnen diese Überlegungen zu erleichtern, können Sie noch einmal die oben aufgeführte Liste der Eigenschaften der Mutter durchsehen. Halten Sie auch hier wieder alle Eigenschaften fest, selbst wenn Sie keinen Zusammenhang zwischen diesen Eigenschaften und den Verhaltensproblemen Ihres Kindes vermuten. Achten Sie darauf, neben Ihren Schwächen auch Ihre Stärken zu notieren (auch wenn Sie diese als „Selbstverständlichkeiten" empfinden). Auf diese können Sie möglicherweise bei der Bewältigung von Problemen zurückgreifen.

Was sind die Stärken und Schwächen des Vaters?

4. Belastungen und Stärken der Familie

Welche anderen Belastungen und Schwierigkeiten gibt es in Ihrer Familie? Viele Familien beschreiben einige der unten aufgeführten Probleme. Schreiben Sie auch hier wieder alle Belastungen auf, die Ihnen einfallen, auch wenn sie Ihrer Ansicht nach nichts mit den Verhaltensproblemen Ihres Kindes zu tun haben:

- Gesundheitsprobleme anderer Familienmitglieder (von Geschwistern, Großeltern),
- Eheprobleme (z.B. Meinungsverschiedenheiten in der Erziehung, Mutter fühlt sich in der Erziehung vom Vater alleingelassen, Trennungsabsichten),
- finanzielle Schwierigkeiten (z.B. finanzielle Belastungen durch Hausbau, Verschuldung),
- Probleme mit anderen Kindern in der Familie (z.B. Schulschwierigkeiten von Geschwistern, andere emotionale oder Verhaltensprobleme),
- Probleme mit Verwandten (z.B. Kritik von Verwandten an der Erziehung, Schwierigkeiten, sich von eigenen Eltern/Schwiegereltern abzugrenzen, Belastung durch pflegebedürftige Verwandte),
- Probleme mit Freunden oder Nachbarn (z.B. Kritik durch Freunde, Konflikte mit Nachbarn, Isolation der Familie),
- beengte Wohnsituation,
- andere Probleme (z.B. Schwierigkeiten mit der Freizeitgestaltung).

Was sind die Belastungen in der Familie?

Wichtig ist, dass Sie sich auch über Ihre Stärken als Familie Gedanken machen (auch wenn Sie diese für „Selbstverständlichkeiten" halten). Diese können Ihnen möglicherweise bei der Bewältigung von Problemen helfen.

Hier einige Beispiele für Stärken der Familie:

- Wir halten zusammen,
- wir haben auch schon schwierige Zeiten erfolgreich durchgestanden,
- es gibt gute Freunde der Familie, auf die wir uns verlassen können,
- wir haben viele Hobbys, sind aktiv,
- wir können einander verzeihen,
- wir haben viele gemeinsame Interessen.

Was sind die Stärken in der Familie?

5. Überlegen Sie, wie diese Probleme und Stärken das Verhalten Ihres Kindes, Ihre Wahrnehmung und Ihre Reaktion auf das Kind beeinflussen.

Meist ist es sinnvoll, einzelne Schwierigkeiten in Verbindung mit anderen Problemen zu betrachten, um sie besser verstehen zu können. Dabei kann man erkennen, wie sich verschiedene Probleme gegenseitig beeinflussen. Es geht dabei jedoch nicht um die Frage der „Schuld" (z.B. die Mutter hat das Kind „verzogen")! So gelingt es beispielsweise vielen Eltern besser, die Verhaltensprobleme ihres Kindes gelassener zu betrachten und ruhiger darauf zu reagieren, wenn sie selbst entspannt sind und wenig Ärger (z.B. auf der Arbeit) haben. Gibt es allerdings gerade beispielweise viel Stress im Beruf und haben Eltern grundsätzlich ein eher hitziges Temperament, nehmen sie die Verhaltensprobleme häufig deutlicher wahr und reagieren gereizter als in entspannten Zeiten. Dadurch verstärken sich wiederum die Verhaltensprobleme des Kindes, die dann die Eltern noch mehr belasten. Versuchen Sie, sich (gemeinsam mit Ihrem Partner/Ihrer Partnerin) die Zusammenhänge zwischen den verschiedenen Problemen, die Sie notiert haben, zu verdeutlichen, und markieren Sie die Zusammenhänge auf dem *Arbeitsblatt 4: Probleme und Stärken in unserer Familie*.

Welche Zusammenhänge zwischen den verschiedenen Punkten, die Sie auf dem **Arbeitsblatt 4: Probleme und Stärken in unserer Familie** eingetragen haben, fallen Ihnen auf?

6. Überlegen Sie sich mögliche Lösungsansätze und nutzen Sie die Stärken in der Familie.

Überlegen Sie schrittweise, ob Sie für die Probleme und Belastungen, die auf Ihre Familie zutreffen, Entlastungen schaffen können. Wie können Sie Ihre Stärken, die Stärken Ihres Partners bzw. Ihrer Partnerin oder Ihres Kindes nutzen, um Belastungen zu reduzieren? Denken Sie auch an mögliche Unterstützung aus Ihrem Umfeld oder an professionelle Hilfsangebote. Gibt es Freunde, Verwandte oder Nachbarn, die Sie unterstützen können? Oft kann es auch hilfreich sein, Hilfs- und Therapieangebote von Kinderärzten, Psychologen oder Paartherapeuten in Anspruch zu nehmen. Schon eine Verminderung der Probleme kann zu einer deutlichen Entlastung führen, auch wenn sich Probleme häufig sicherlich nicht völlig lösen lassen. Wir werden auf diese und andere Punkte auch noch später in unserem Programm genauer zu sprechen kommen. Bedenken Sie auch die Möglichkeit einer eigenen Therapie oder einer Paartherapie, wenn Sie selbst oder Ihr Partner bzw. Ihre Partnerin erhebliche psychische Probleme haben oder wenn Ihre Partnerschaft sehr belastet ist.

Was sind Ihre Stärken? Wie können Sie diese nutzen?

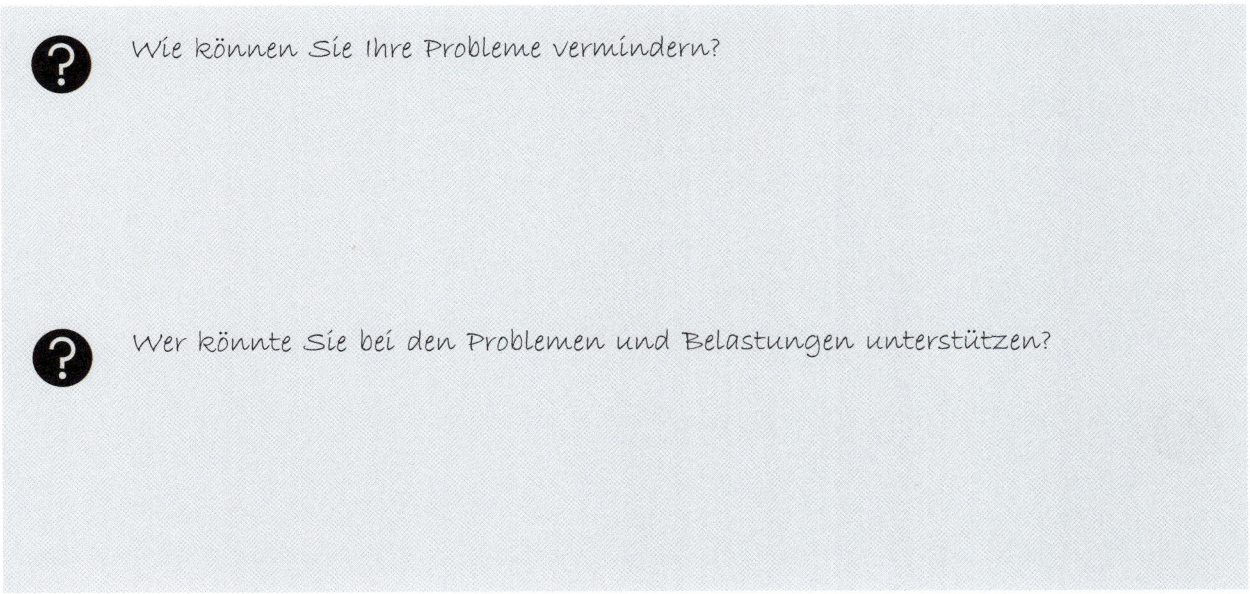

Teil 3:
Lernen Sie den Teufelskreis kennen!

Jetzt stellen wir Ihnen den Teufelskreis vor, in den die meisten Familien mit Kindern geraten, die hyperaktiv, impulsiv oder unaufmerksam sind. Der Teufelskreis zeigt auch die Ansatzpunkte auf, um Ihr eigenes Verhalten und darüber auch das Verhalten Ihres Kindes zu verändern und so die Verhaltensprobleme zu reduzieren. Deshalb ist er für unser weiteres Vorgehen besonders wichtig. Bitte überprüfen Sie, ob und in welchen Situationen Sie und Ihre Familie bisher ebenfalls in diesen Teufelskreis geraten sind. Die folgende Abbildung zeigt den Teufelskreis, den wir im weiteren Verlauf erklären werden:

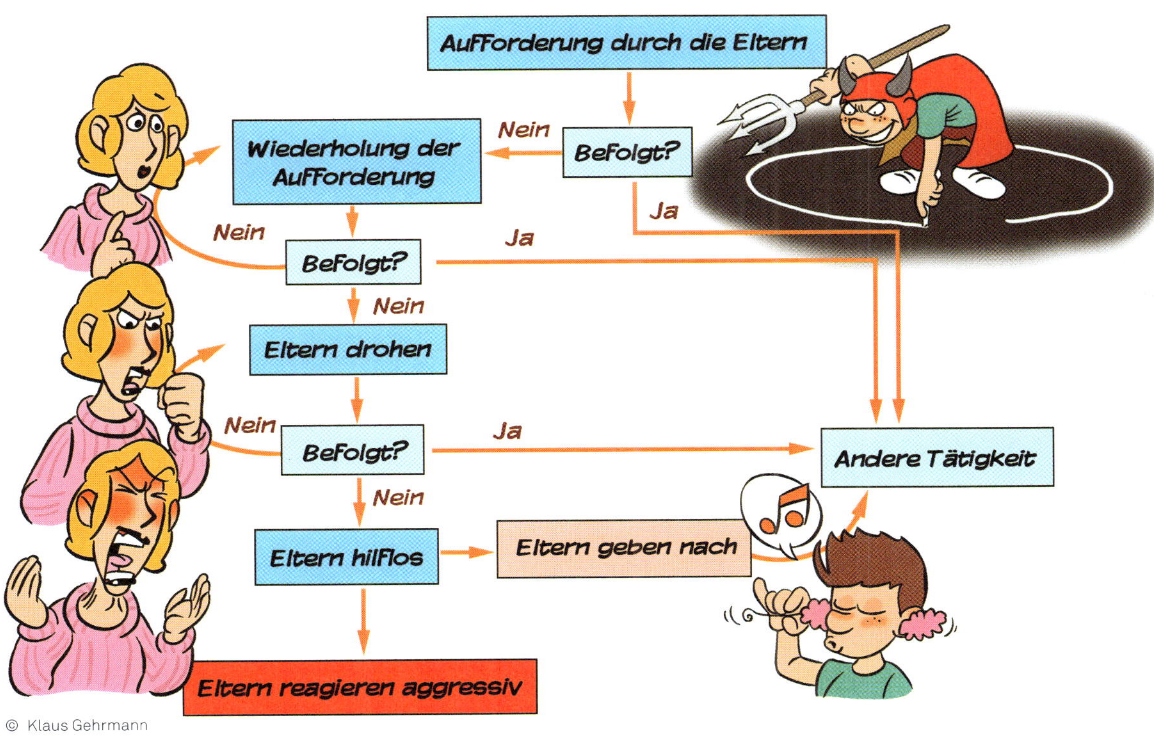

Der Teufelskreis

1. Die Eltern stellen dem Kind eine Aufforderung.

Eltern stellen ihren Kindern in vielen alltäglichen Situationen eine Aufforderung. Diese kann sehr unterschiedlich sein. Das Kind hat die Möglichkeit, die Aufforderung der Eltern zu befolgen oder auch nicht zu befolgen. „Hört" das Kind und tut, wozu die Eltern es aufgefordert haben, achten viele Eltern nicht weiter auf ihr Kind, sondern machen etwas anderes, wie Essen kochen, bügeln oder andere Erledigungen. Kommt das Kind der Aufforderung nicht nach, geht der Teufelskreis weiter.

Welche Aufforderungen führen Sie und Ihr Kind häufig in den Teufelskreis?

2. Die Eltern wiederholen ihre Aufforderung.

Kommt das Kind einer Aufforderung nicht nach, wiederholen die Eltern in der Regel zunächst ihre Aufforderung, oft auch mehrere Male. Dabei werden die Eltern zumeist bei jeder Wiederholung der Aufforderung ärgerlicher und ihre Stimme wird immer lauter und gereizter. Das Kind kann bei jeder Wiederholung der Aufforderung doch noch das tun, was die Eltern gesagt haben, oder weiterhin nicht „hören". Befolgt das Kind jetzt die Aufforderung, beschäftigen sich die Eltern – meist sehr ärgerlich und wütend – wieder mit anderen Tätigkeiten. Dabei fallen oft Sätze wie: „Warum nicht gleich so?" Befolgt das Kind die Aufforderung weiterhin nicht, geht der Teufelskreis weiter.

Wie reagieren Sie, wenn Ihr Kind bei der Wiederholung Ihrer Aufforderung tut, was Sie ihm sagen?

Was tun Sie, wenn es immer noch nicht tut, was Sie ihm aufgetragen haben?

3. Die Eltern drohen.

An diesem Punkt des Teufelskreises drohen die Eltern ihrem Kind an, was passiert, wenn es die Aufforderung weiterhin nicht befolgt. Diese Drohungen werden oft sehr impulsiv ausgesprochen und sind häufig nicht gut überlegt, weil die Eltern zu diesem Zeitpunkt schon sehr ärgerlich sind. Oft werden auch diese

Drohungen mehrfach wiederholt bzw. fallen immer heftiger aus. Das Kind hat wieder die Möglichkeit, nach jeder ausgesprochenen Drohung das zu tun, was die Eltern ihm aufgetragen haben. Tut es dies, werden die Eltern in vielen Fällen wiederum wütend das Zimmer verlassen und sich mit etwas anderem beschäftigen. Tut das Kind andererseits immer noch nicht, was die Eltern gesagt haben, geht der Teufelskreis weiter.

Wie haben Sie reagiert, wenn Ihr Kind nach der Androhung einer Strafe schließlich doch das getan hat, was Sie von ihm wollten?

Ist es Ihnen auch schon passiert, dass Sie impulsiv Drohungen ausgesprochen haben, die Sie im Nachhinein nicht für sinnvoll hielten?

4. Die Eltern sind ratlos.
Meist wissen die Eltern an dieser Stelle nicht weiter! Nichts scheint das Kind zu bewegen, das zu tun, was die Eltern ihm aufgetragen haben – weder eine freundliche Aufforderung noch eine ärgerliche Aufforderung, noch Androhungen von Strafen. Nun reagieren die Eltern oft auf eine von zwei Arten:

- Entweder, sie fordern von ihrem Kind nicht mehr das, was sie eigentlich wollten, geben also nach, oft mit Gedanken wie: „Mach doch, was du willst, mir ist es egal." Manchmal verzichten die Eltern an dieser Stelle ganz auf die Umsetzung ihrer Aufforderung. So kommt das Kind mit ungewaschenen Händen an den Esstisch oder das Kinderzimmer bleibt unaufgeräumt. Oder sie entscheiden sich, dass es weniger Arbeit ist, selbst das zu tun, was sie von ihrem Kind verlangt haben. So trägt beispielsweise die Mutter die liegengebliebenen Schuhe selbst zur Garderobe.
- Oder die Eltern reagieren aggressiv auf das Nicht-Hören ihres Kindes, das heißt, sie schreien das Kind an oder im schlimmsten Fall bekommt es von den Eltern eine Ohrfeige oder eine noch heftigere körperliche „Strafe"! Eine weitere Form des „Sich-aggressiv-Durchsetzens" ist es, alle im Affekt angedrohten Strafen durchzusetzen – seien sie im Nachhinein noch so unverhältnismäßig, beispielsweise eine Woche Fernsehverbot für nicht weggeräumte Schuhe oder nicht gewaschene Hände.

Ist Ihnen das Gefühl dieser Ratlosigkeit bekannt?

Erkennen Sie sich in einer der geschilderten Reaktionen wieder?

Kommt Ihnen dieser Teufelskreis bekannt vor?

Welche Erfahrungen macht das Kind im Teufelskreis?
Das Kind macht in diesem Teufelskreis vielfältige ungünstige Erfahrungen, die dazu beitragen, dass die Verhaltensprobleme eher weiter zunehmen.

- *Geben die Eltern am Ende des Teufelskreises nach*, macht das Kind die Erfahrung, dass es oft doch nicht tun muss, was die Eltern ihm aufgetragen haben, wenn es die „Nörgeleien" der Eltern nur lange genug aushält. Das heißt, es macht die Erfahrung, dass die Aufforderungen und letztlich auch die Drohungen der Eltern oft nicht ernst zu nehmen sind. Dadurch wird die Wahrscheinlichkeit geringer, dass das Kind die nächste Aufforderung der Eltern direkt oder nach einer kurzen Zeit befolgen wird. Durch ihr Verhalten „erziehen" die Eltern damit ungewollt ihr Kind dazu, immer häufiger nicht auf sie zu hören bzw. „Nein!" zu sagen!
- *Reagieren die Eltern am Ende verbal sehr aggressiv* (oder setzen impulsiv ausgesprochene, unangebrachte Drohungen um oder schlagen sogar ihr Kind), bieten sie ihrem Kind ein aggressives Modell! Das Kind macht die Erfahrung, dass gutes Zureden und auch Drohungen oft nichts nutzen, sondern dass sich letztlich nur der körperlich Stärkere durchsetzen kann! Möglicherweise kommt das Kind das nächste Mal (aus Angst vor den aggressiven Konsequenzen) der Aufforderung nach, aber außerhalb der Familie oder kleineren Geschwistern gegenüber wird es seine Erfahrung anwenden, dass der Stärkere gewinnt. Die Wahrscheinlichkeit für aggressives Verhalten wird dadurch größer!
- *Auch wenn das Kind zu irgendeinem Zeitpunkt in dem Teufelskreis das tut, was die Eltern gesagt haben*, macht es häufig ungünstige Erfahrungen. Die Eltern beschäftigen sich dann meist mit anderen Tätigkeiten, die bisher liegengeblieben sind. Diese Kinder kosten oft so viel Kraft, Zeit und Nerven, dass es sehr verständlich ist, wenn Eltern froh sind, endlich das tun zu können, was sie eigentlich die ganze Zeit schon vorhatten! Das Kind bekommt aber den Eindruck, dass sein angemessenes oder weniger problematisches Verhalten die Eltern gar nicht weiter interessiert. Die mangelnde positive Aufmerksamkeit wird dazu führen, dass das Kind in Zukunft eher seltener Aufforderungen befolgt. Außerdem führt dies dazu, dass positive gemeinsame Erfahrungen immer weiter in den Hintergrund rücken und Eltern und Kind schließlich fast nur noch negativ – ermahnend, schimpfend, schreiend, drohend, weinend – miteinander umgehen. Eltern haben dann oft das Gefühl, nur noch mit ihrem Kind zu schimpfen, und die Kinder erleben ihrerseits die Eltern nur noch als permanente Nörgler.

Aber auch Sie als Eltern machen ungünstige Erfahrungen im Teufelskreis!

- Sie bekommen den Eindruck, dass alle Bitten, Aufforderungen und Strafandrohungen nichts nutzen – Ihr Kind hört einfach nicht, und Sie fühlen sich hilflos. Auf der anderen Seite haben Sie vielleicht die

Erfahrung gemacht, dass Ihr Kind getan hat, was Sie wollten, wenn Sie ihm gegenüber doch einmal sehr aggressiv geworden sind, vielleicht sogar einmal ansatzweise körperlich aggressiv. Für diese verbale oder körperliche Aggression bestärkt Ihr Kind Sie, wenn es dann hört. Dadurch steigt die Wahrscheinlichkeit, dass Sie das nächste Mal schneller aggressiv reagieren. Auf diese Weise können Eltern immer öfter in die Situation kommen, in der sie hart strafen oder sogar körperliche Gewalt anwenden, obwohl sie eigentlich nicht mit heftigen Strafen und auf keinen Fall mit Schlägen erziehen wollten.

- Im Nachhinein merken Sie häufig, dass Sie es nicht schaffen, Strafen durchzuhalten, die Sie angedroht haben (z. B. Fernsehverbot), da Sie dann nur noch mehr Schwierigkeiten mit Ihrem Kind bekommen. Sie geraten so immer wieder in Situationen, in denen Sie sich inkonsequent verhalten, wodurch sich wiederum die Verhaltensprobleme Ihres Kindes verstärken.
- Die Wahrscheinlichkeit, dass Sie entmutigt werden und „mit der Erziehung aufgeben", steigt jedes Mal, wenn Ihr Kind nicht auf Sie gehört hat. Dadurch lassen Sie Ihrem Kind immer mehr durchgehen, was die Verhaltensschwierigkeiten langfristig noch mehr verstärkt. Und Sie fühlen sich immer hilfloser.

Gehen Sie die einzelnen Schritte des Teufelskreises in Ruhe durch und überlegen Sie, ob es Situationen in Ihrer Familie gibt, in denen Sie sich in diesem Teufelskreis wiederfinden. Jede Familie gerät ab und zu in diesen Teufelskreis, auch Familien mit Kindern, die keine größeren Verhaltensprobleme zeigen. Durch impulsives, unruhiges und unaufmerksames oder auch trotziges und oppositionelles Verhalten der Kinder gerät man als Mutter oder Vater aber öfter in diesen Teufelskreis als andere Eltern, da dieses Verhalten von vornherein dazu führt, dass Aufforderungen weniger oft beachtet werden. Gehen Sie in Gedanken vor allem die Situationen oder Verhaltensprobleme durch, die Sie im ersten Teil dieses Bausteins näher beschrieben haben und die Sie verändern wollen. Geraten Sie in diesen Situationen öfter in den oben beschriebenen Teufelskreis?

Überlegen Sie, wann Sie in den Teufelskreis geraten!

Ausbruch aus dem Teufelskreis!

Ziel dieses Arbeitsbuches ist es, Sie beim Ausbruch aus diesem Teufelskreis zu unterstützen. Im Allgemeinen ist es dazu sinnvoll und notwendig, an mehreren Stellen anzusetzen. Dazu werden wir Sie in den nächsten Bausteinen Schritt für Schritt anleiten. So können Sie dafür sorgen, dass Sie gemeinsam mit Ihrem Kind wieder vermehrt positive Erfahrungen machen, und wir werden besprechen, wie Sie eindeutige Regeln aufstellen und Ihrem Kind wirkungsvolle Aufforderungen geben können. Zudem werden wir angemessene positive wie negative Konsequenzen erarbeiten, mit denen Sie auf das Verhalten Ihres Kindes reagieren können. Diese Schritte können jedoch nicht auf einmal gemacht werden; es braucht etwas Zeit und Geduld. Daher werden wir diese Möglichkeiten langsam und eine nach der anderen in den nächsten Bausteinen besprechen. Wenn Sie den vorliegenden Baustein bearbeitet haben, haben Sie sich schon einmal viel Arbeit und Gedanken gemacht, was nicht selbstverständlich ist. Wir freuen uns, dass Sie als Elternteil diese Mühe auf sich nehmen. Nun sind schon viele wichtige erste Schritte gemacht, auf denen Sie dann in den nächsten Wochen aufbauen können.

Arbeitsblatt 1 **Baustein 1**

Elternfragebogen über Problemsituationen in der Familie

Name des Kindes: Datum:

beurteilt von:

Gibt es bei den unten aufgeführten Situationen irgendwelche Probleme mit Ihrem Kind, wenn es Aufforderungen, Anweisungen oder Regeln befolgen soll? Wenn nicht, dann kreuzen Sie einfach die nebenstehende Null an und gehen weiter zur nächsten Frage. Wenn ja, kreuzen Sie bitte eine der nebenstehenden Zahlen von 1 bis 10 an. Die Zahlen sollen angeben, wie stark das Problem für Sie ist. Dabei bedeutet 1, dass das Problem in der Situation nur schwach ausgeprägt ist, und 10, dass das Problem sehr stark zum Ausdruck kommt.

Wie stark ist das Problem für Sie ausgeprägt?

Situation	gar nicht				mittel				sehr stark		
1. Wenn das Kind allein spielt	0	1	2	3	4	5	6	7	8	9	10
2. Wenn das Kind mit anderen spielt	0	1	2	3	4	5	6	7	8	9	10
3. Bei den Mahlzeiten	0	1	2	3	4	5	6	7	8	9	10
4. Beim An- und Ausziehen	0	1	2	3	4	5	6	7	8	9	10
5. Beim Waschen und Baden	0	1	2	3	4	5	6	7	8	9	10
6. Wenn Sie telefonieren	0	1	2	3	4	5	6	7	8	9	10
7. Beim Fernsehen	0	1	2	3	4	5	6	7	8	9	10
8. Wenn Besuch kommt	0	1	2	3	4	5	6	7	8	9	10
9. Wenn Sie andere besuchen	0	1	2	3	4	5	6	7	8	9	10
10. In der Öffentlichkeit (Geschäfte, Lokale usw.)	0	1	2	3	4	5	6	7	8	9	10
11. Wenn die Mutter zu Hause beschäftigt ist	0	1	2	3	4	5	6	7	8	9	10
12. Wenn der Vater zu Hause ist	0	1	2	3	4	5	6	7	8	9	10
13. Wenn das Kind etwas erledigen soll	0	1	2	3	4	5	6	7	8	9	10
14. Bei den Hausaufgaben	0	1	2	3	4	5	6	7	8	9	10
15. Beim Zubettgehen	0	1	2	3	4	5	6	7	8	9	10
16. Im Auto	0	1	2	3	4	5	6	7	8	9	10

Arbeitsblatt 2 (Seite 1) **Baustein 1**

Analysebogen: Verhaltensauffälligkeiten meines Kindes

1. Beschreiben Sie das Problemverhalten konkret: Was genau macht Ihr Kind?

2. Beschreiben Sie konkret die Situation(en), in der (in denen) das Problemverhalten auftritt.

3. Wie reagieren Sie üblicherweise auf das Problemverhalten Ihres Kindes?

4. Was macht Ihr Kind dann üblicherweise?

Arbeitsblatt 2 (Seite 2) **Baustein 1**

Analysebogen: Verhaltensauffälligkeiten meines Kindes

5. Wie geht die Situation meistens zu Ende?

6. Wie oft tritt dieses Problemverhalten auf?
   (Immer, in mehr als der Hälfte der Situationen, in weniger als der Hälfte der Situationen)

7. Kommt es vor, dass das Problemverhalten gar nicht oder nur in schwächerer Form auftritt?

8. Wie reagieren Sie, wenn sich Ihr Kind in solchen Situationen weniger problematisch oder angemessen verhält?

Arbeitsblatt 2 (Seite 1) **Baustein 1**

Analysebogen: Verhaltensauffälligkeiten meines Kindes

1. Beschreiben Sie das Problemverhalten konkret: Was genau macht Ihr Kind?

2. Beschreiben Sie konkret die Situation(en), in der (in denen) das Problemverhalten auftritt.

3. Wie reagieren Sie üblicherweise auf das Problemverhalten Ihres Kindes?

4. Was macht Ihr Kind dann üblicherweise?

Arbeitsblatt 2 (Seite 2) **Baustein 1**

Analysebogen: Verhaltensauffälligkeiten meines Kindes

5. Wie geht die Situation meistens zu Ende?

6. Wie oft tritt dieses Problemverhalten auf?
(Immer, in mehr als der Hälfte der Situationen, in weniger als der Hälfte der Situationen)

7. Kommt es vor, dass das Problemverhalten gar nicht oder nur in schwächerer Form auftritt?

8. Wie reagieren Sie, wenn sich Ihr Kind in solchen Situationen weniger problematisch oder angemessen verhält?

Arbeitsblatt 3 **Baustein 1**

Problemliste: Verhaltensprobleme meines Kindes in der Familie

Name des Kindes: beurteilt von:

Datum:

Problemverhalten	**Wie stark war das Problem für Sie ausgeprägt?**	**Woche 1**	**2**	**3**	**4**	**5**	**6**	**7**	**8**	**9**	**10**
1.	sehr stark	5	5	5	5	5	5	5	5	5	5
	↕	4	4	4	4	4	4	4	4	4	4
		3	3	3	3	3	3	3	3	3	3
		2	2	2	2	2	2	2	2	2	2
		1	1	1	1	1	1	1	1	1	1
	gar nicht	0	0	0	0	0	0	0	0	0	0
2.	sehr stark	5	5	5	5	5	5	5	5	5	5
	↕	4	4	4	4	4	4	4	4	4	4
		3	3	3	3	3	3	3	3	3	3
		2	2	2	2	2	2	2	2	2	2
		1	1	1	1	1	1	1	1	1	1
	gar nicht	0	0	0	0	0	0	0	0	0	0

Arbeitsblatt 4

Baustein 1

Probleme und Stärken in unserer Familie

Stärken meines Kindes	Schwächen meines Kindes
1.	
2.	
3.	
4.	
5.	

Stärken der Mutter	Schwächen der Mutter
1.	
2.	
3.	
4.	
5.	

Stärken des Vaters	Schwächen des Vaters
1.	
2.	
3.	
4.	
5.	

Familiäre Stärken	Familiäre Belastungen
1.	
2.	
3.	
4.	
5.	

Verhaltensprobleme meines Kindes
1.
2.
3.
4.
5.

Wahrnehmung der Verhaltensprobleme
1.
2.
3.
4.
5.

Reaktion der Eltern
1.
2.
3.
4.
5.

Baustein 2

ADHS – Was ist das?

Was wollen wir in diesem Baustein erreichen?

Liebe Eltern!

Anhand des letzten Bausteins haben Sie begonnen, die Probleme Ihres Kindes und Ihrer Familie genauer zu betrachten, und Problembereiche ausgewählt, die Sie mithilfe dieses Arbeitsbuches verändern wollen. Um den Problemen auf den Grund und an den Kragen zu gehen, ist aber neben einem genauen Plan auch das Verständnis für das Störungsbild der ADHS wichtig. Dieses Verständnis wollen wir Ihnen in diesem Baustein vermitteln.

ADHS ist die Abkürzung für *Aufmerksamkeitsdefizit-/Hyperaktivitätsstörung* und bezeichnet eine Verhaltensstörung von Kindern, Jugendlichen oder Erwachsenen, die durch Auffälligkeiten in den folgenden drei Kernbereichen gekennzeichnet ist:
- starke Aufmerksamkeits- und Konzentrationsstörungen,
- starke Impulsivität und
- ausgeprägte körperliche Unruhe (Hyperaktivität).

Die meisten Fachleute benutzen heutzutage den Begriff ADHS zur Bezeichnung dieser Störung, mitunter werden aber auch andere Begriffe und Abkürzungen zur Bezeichnung dieser psychischen Störung benutzt, wie *Hyperkinetische Störung (HKS)* oder auch *Aufmerksamkeitsdefizitstörung (ADS)*.

Aufbauend auf wissenschaftlich gesicherten Erkenntnissen und langjähriger klinischer Erfahrung werden wir Ihnen in diesem Baustein wichtige Informationen über ADHS geben.

Folgende Punkte wollen wir dabei besprechen:
- Was sind Merkmale von Kindern mit ADHS?
- Welche weiteren Probleme treten häufig noch auf?
- Was sind die Ursachen von ADHS?
- Wie entwickeln sich die Kinder weiter?
- Was kann Ihrem Kind helfen?

Das sollten Sie über ADHS wissen

1. Was sind Merkmale von Kindern mit ADHS?

Jedes Kind ist irgendwann einmal sehr unruhig oder kann sich nicht konzentrieren und lässt sich leicht ablenken, und manche Kinder sind lebhafter als andere. Die Konzentrationsfähigkeit und die Ausdauer von Kindern steigen mit dem Alter; für jüngere Kinder ist es generell schwieriger als für ältere, sich ruhig zu verhalten oder sich ausdauernd mit einer Sache zu beschäftigen. Kinder mit ADHS unterscheiden sich jedoch in Ausmaß und Stärke der Probleme von Kindern mit diesen ganz normalen Entwicklungserscheinungen.

Im Vergleich zu Gleichaltrigen haben Kinder mit ADHS ausgeprägte Auffälligkeiten meist in drei Kernbereichen.

Sie fallen auf
- durch deutliche *Aufmerksamkeits- und Konzentrationsstörungen,*
- durch vermehrt *impulsives Verhalten* und
- durch eine *ausgeprägte Unruhe.*

Aufmerksamkeits- und Konzentrationsstörungen

Kinder mit ADHS beenden ihre Tätigkeiten nicht und brechen Aufgaben oft vorzeitig ab, insbesondere Beschäftigungen, die geistige Anstrengung verlangen, und Tätigkeiten, die von anderen vorgegeben sind (z. B. Hausaufgaben, Aufgaben in der Schule oder ruhige Lernspiele). Zunächst sind die Kinder oft noch interessiert dabei, verlieren jedoch nach kurzer Zeit das Interesse und wechseln zu einer anderen Tätigkeit.

Beispiel Marie

Marie geht in die zweite Klasse der Grundschule. Die Lehrerin hat bereits früh bemerkt, dass Marie große Schwierigkeiten hat, bei der Sache zu bleiben. Von jeder Kleinigkeit lässt sie sich ablenken. Entsprechend schafft sie es nur selten, ihre Aufgaben zu beenden. Am Nachmittag zu Hause kann sie sich oft nicht erinnern, welche Hausaufgaben sie eigentlich machen muss. Die Hausaufgaben dauern dann eine Ewigkeit. Marie zögert sie möglichst lange hinaus und schafft es auch hier nicht, sich zu konzentrieren. Hausaufgaben, die eigentlich gut in 15 Minuten zu erledigen sein sollten, dauern bis zu einer Stunde – und auch das nur, wenn die Mutter währenddessen die ganze Zeit neben Marie sitzt und sie unterstützt. Beschäftigt die Mutter sich mit etwas anderem, wird Marie überhaupt nicht fertig. Nach den Hausaufgaben sind beide oft vollkommen erschöpft.

Kommt Ihnen das bekannt vor? Wie gut kann Ihr Kind sich konzentrieren und ausdauernd bei einer Sache bleiben?

Impulsives Verhalten

Im Vergleich zu Gleichaltrigen neigen Kinder mit ADHS deutlich stärker zu plötzlichen und unüberlegten Handlungen. Dabei bedenken sie überhaupt nicht die Folgen ihres Verhaltens. Die Kinder haben große Schwierigkeiten, abzuwarten, bis sie an der Reihe sind. Wenn sie etwas haben wollen, dann muss es sofort sein. Sie platzen mit Antworten heraus, bevor Fragen zu Ende gestellt sind, und unterbrechen andere häufig. In dieser Hinsicht benehmen sie sich so, wie es eigentlich bei jüngeren Kindern üblich ist.

Kommt Ihnen das bekannt vor? Wie ungeduldig und impulsiv ist Ihr Kind?

Körperliche Unruhe

Insbesondere in Situationen, in denen sie sich relativ ruhig verhalten sollen, fallen viele Kinder mit ADHS durch ausgeprägte Ruhelosigkeit und ihr häufiges Zappeln auf. Vor allem in den ersten Schuljahren stehen die Kinder häufig im Unterricht auf. Es fällt ihnen schwer, ruhig zu spielen, und sie laufen oder klettern permanent herum. Von der Umgebung oder durch Aufforderungen scheint diese Unruhe kaum dauerhaft beeinflussbar zu sein. Zu Hause ermahnen die Eltern ihr Kind, ruhig zu sein; möglicherweise reagiert das Kind auch darauf, aber nach wenigen Sekunden oder Minuten ist die Unruhe wieder da. Und genauso sieht es auch in der Schule aus.

Beispiel Lukas

Seit Lukas in die Schule geht, muss seine Lehrerin ihn permanent im Auge haben und ermahnen. Er bleibt kaum auf seinem Platz sitzen, Stillarbeit und Basteln sind für ihn ein Gräuel. Seine Finger und Füße sind ständig in Bewegung; seine ganze Umgebung macht er durch seine ständige Zappelei richtig nervös. Er kippelt mit dem Stuhl und schmeißt immer wieder etwas um. Auch Lukas' Mutter hat mit ihm Probleme: Schon früh am Morgen ist er kaum zu bremsen! Bereits um sechs Uhr tobt er durch die Wohnung und singt fröhlich und vor allem laut ein Liedchen nach dem anderen. Ständig muss er seine Mutter etwas ganz Wichtiges fragen oder ihr ganz dringend etwas erzählen, das auf keinen Fall warten kann. Die Mutter kommt morgens schon zu gar nichts mehr, so oft unterbricht Lukas sie. Bereits kurz nach dem Aufstehen fühlt sie sich vollkommen überfordert.

Kommt Ihnen das bekannt vor? Wie unruhig ist Ihr Kind?

Üblicherweise sind die genannten Auffälligkeiten in verschiedenen Lebensbereichen zu beobachten – also nicht nur in der Familie, sondern auch in der Schule und bei Freizeitaktivitäten mit Gleichaltrigen. Allerdings zeigen sich die Symptome oft kaum oder treten in verminderter Form auf, wenn sich die Kinder ihrer Lieblingsaktivität widmen, auch, wenn diese ein hohes Maß an Aufmerksamkeit erfordert (z.B. Spiel mit dem Computer, dem Tablet oder der Spielkonsole). Auch in kritischen Situationen müssen allerdings nicht alle Auffälligkeiten vorhanden sein. Manche Kinder haben hauptsächlich Aufmerksamkeitsprobleme, andere sind hauptsächlich hyperaktiv und impulsiv und die Unaufmerksamkeit ist deutlich geringer ausgeprägt oder gar nicht vorhanden.

? Welche Lebensbereiche sind bei Ihrem Kind betroffen?

1. Familie

2. Schule

3. Freizeit

Darüber hinaus gibt es eine große Variationsbreite im Schweregrad der Probleme. Bei manchen Kindern machen sich die Auffälligkeiten schon nach kürzester Zeit bemerkbar, da sie sehr stark ausgeprägt sind. Bei den meisten Kindern treten die Probleme jedoch in weniger starker Ausprägung auf. Die Probleme zeigen sich nicht in allen Situationen gleichermaßen und manchmal können sich unaufmerksame, hyperaktive und/oder impulsive Kinder auch über einen längeren Zeitraum unauffällig verhalten. Der Übergang zwischen normalem und auffälligem Verhalten ist also fließend.

Wenn die Aufmerksamkeitsstörungen, die Hyperaktivität oder die Impulsivität sehr stark ausgeprägt sind und das Kind stark beeinträchtigen, dann sprechen wir von einer *ADHS – einer Aufmerksamkeitsdefizit-/Hyperaktivitätsstörung.*

Solche Auffälligkeiten treten sehr häufig auf: In jeder Schulklasse gibt es laut Statistik mindestens ein bis zwei Kinder, die zumindest leichte bis mittlere Symptome aufweisen. Jungen sind dabei häufiger betroffen als Mädchen.

Achtung:

Wenn ein Kind Unruhe, Konzentrationsschwierigkeiten und impulsives Verhalten zeigt, bedeutet das nicht zwangsläufig, dass eine ADHS vorliegt.

Die Merkmale einer ADHS können auch *bei anderen Störungen oder Belastungen* auftreten. Beispiele dafür sind Lernbehinderungen oder geistige Behinderungen. Kinder können auch hyperkinetische Symptome zeigen, wenn sie schulisch überfordert oder familiären Belastungen ausgesetzt sind, denen sie nicht gewachsen sind, oder wenn sie mit Ängsten zu kämpfen haben. Auch Symptome von Kindern, die traurig verstimmt sind oder die unter anderen emotionalen Belastungen stehen, können in manchen Situationen fälschlicherweise als ADHS gewertet werden.

Wurden bei Ihrem Kind andere Störungen oder Probleme als Ursachen für die ADHS-Symptome ausgeschlossen?

2. Welche Probleme treten häufig noch auf?

Oppositionelle und aggressive Verhaltensauffälligkeiten

© Klaus Gehrmann

Oppositionelle und aggressive Verhaltensauffälligkeiten sind wohl das häufigste Problem, das zusätzlich zu einer ADHS auftritt. Im Vergleich zu Gleichaltrigen können sich Kinder mit oppositionellen Verhaltensauffälligkeiten weniger gut an wichtige Regeln halten. Sie geraten häufig in Streitigkeiten mit anderen Kindern, d. h. mit ihren Geschwistern oder auch Kindern außerhalb der Familie, aber auch mit Eltern und anderen erwachsenen Bezugspersonen. Sie werden schnell wütend, sie verärgern andere vorsätzlich und schieben die Schuld für eigene Fehler oder eigenes Fehlverhalten auf andere. Sie sind häufiger reizbar und reagieren schnell zornig. Bis zu einem gewissen Grad sind oppositionelle und aggressive

Verhaltensauffälligkeiten Teil einer normalen Entwicklung. Bei manchen Kindern zeigen sich diese Probleme allerdings wesentlich stärker als bei den meisten anderen Kindern des gleichen Alters. Die Probleme äußern sich typischerweise vor allem im Umgang mit vertrauten Erwachsenen, Geschwistern oder Gleichaltrigen.

Beispiel Lukas

Eigentlich macht der achtjährige Lukas nur das, was ihm gefällt. Aufforderungen seiner Mutter, beispielsweise seine dreckigen Schuhe auszuziehen, werden nicht befolgt. Wenn seine Mutter ihn ermahnt, fühlt er sich sofort ungerecht behandelt und wird wütend. Häufig macht er irgendeinen Unsinn – mal malt er die Wände mit seinen Filzstiften an, mal bohrt er Löcher in die neue Tischdecke, mal tobt er mit dem Fußball durchs Blumenbeet. Natürlich weiß Lukas eigentlich ganz genau, dass all das nicht erlaubt ist, aber um Grenzen und Verbote kümmert er sich so gut wie nie. „Ist mir doch egal!“, bekommt Lukas' Mutter dann zu hören. Seine kleine Schwester traktiert er regelrecht. Wenn die Mutter ihn zur Rede stellt, erhält sie nur eine freche Antwort, und wenn seine Mutter nach mehrfacher Aufforderung den Computer oder den Fernseher einfach ausmacht, bekommt Lukas solch einen Wutanfall, dass seine Mutter gar nicht mehr weiß, wie sie ihn stoppen kann.

Lehnt sich Ihr Kind häufiger gegen Aufforderungen auf oder ist es häufiger aggressiv als Gleichaltrige?

Entwicklungsrückstände und Leistungsprobleme in der Schule

Auch andere Probleme können begleitend zu einer ADHS auftreten und eine zusätzliche Belastung für die Kinder und ihre Familien darstellen, so beispielsweise Entwicklungsrückstände oder Leistungsprobleme in der Schule. Viele Kinder mit ADHS haben schlechtere Leistungen beim Lesen, Rechtschreiben oder im Rechnen und müssen daher auch häufiger eine Klasse wiederholen, obwohl sich die Begabung der meisten Kinder mit ADHS grundsätzlich nicht von der Begabung anderer Kinder unterscheidet. Manche Kinder leiden unter sogenannten umschriebenen Lernstörungen, vor allem im Lesen und Rechtschreiben.

Hat Ihr Kind Leistungsprobleme in der Schule?

Unsicherheit und mangelndes Selbstvertrauen

Viele Kinder mit ADHS leiden durch viele negative Erfahrungen und Rückmeldungen zunehmend an Unsicherheit und mangelndem Selbstvertrauen. Da sie häufig Ablehnung von anderen Menschen erfahren – sei es von Gleichaltrigen, von Eltern, von Erzieherinnen oder Lehrern – entwickeln einige Kinder mit der

Zeit Ängste und Unsicherheiten und trauen sich weniger zu als andere. Da die hyperaktiven, impulsiven und unaufmerksamen Verhaltensweisen mehr ins Auge springen, fallen diese Schwierigkeiten häufig zunächst weniger auf.

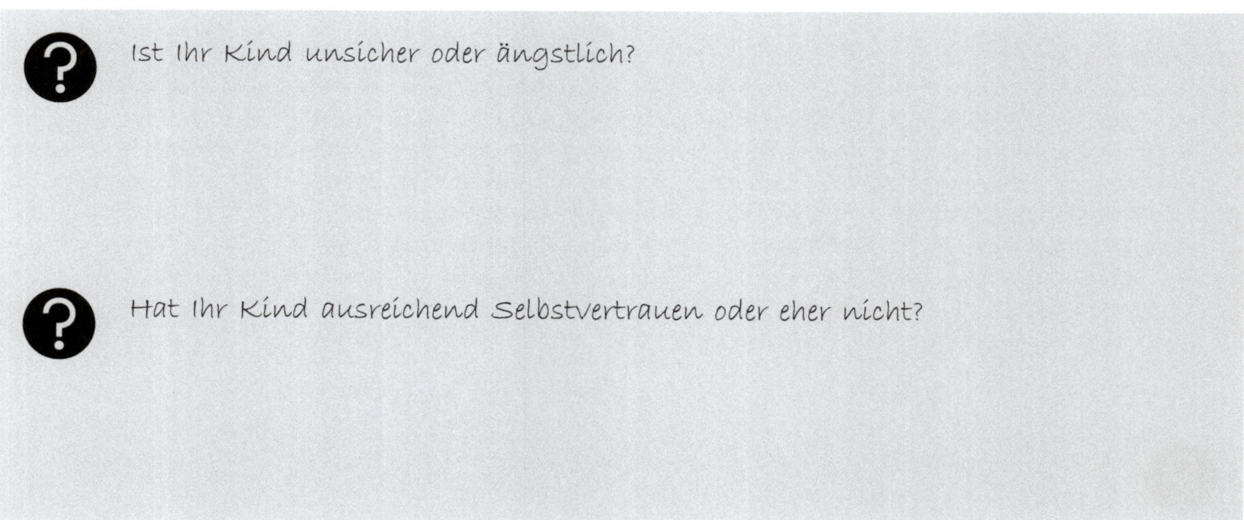

Ablehnung durch Gleichaltrige und belastete Beziehungen zu Erwachsenen

Zusätzlich haben viele Kinder mit ADHS mit einer Ablehnung durch Gleichaltrige zu kämpfen. Dafür gibt es verschiedene Gründe. Häufig stören diese Kinder andere wegen ihrer Unruhe und Impulsivität ständig beim Spiel. Oft zeigen sie auch zusätzlich aggressive Verhaltensweisen, wegen denen sie als Störenfriede empfunden werden. Zudem kann es ein Problem sein, dass viele Kinder mit diesen Verhaltensproblemen versuchen, andere zu dominieren und zu kontrollieren.

Auch die Beziehungen zu Erwachsenen sind häufig belastet. Die Eltern haben oft Streit und Konflikte mit ihrem Kind und sind oft sehr verzweifelt. Nicht selten haben sie den Eindruck, mit ihrem Kind überhaupt nicht mehr zurechtzukommen und in ihrer Erziehung versagt zu haben. Auf der anderen Seite hat das Kind oft das Gefühl, von seinen Eltern nur noch abgelehnt zu werden, egal, was es tut. In der Schule sind die Beziehungen zwischen dem Kind und dem Lehrer oder der Lehrerin oft ähnlich angespannt.

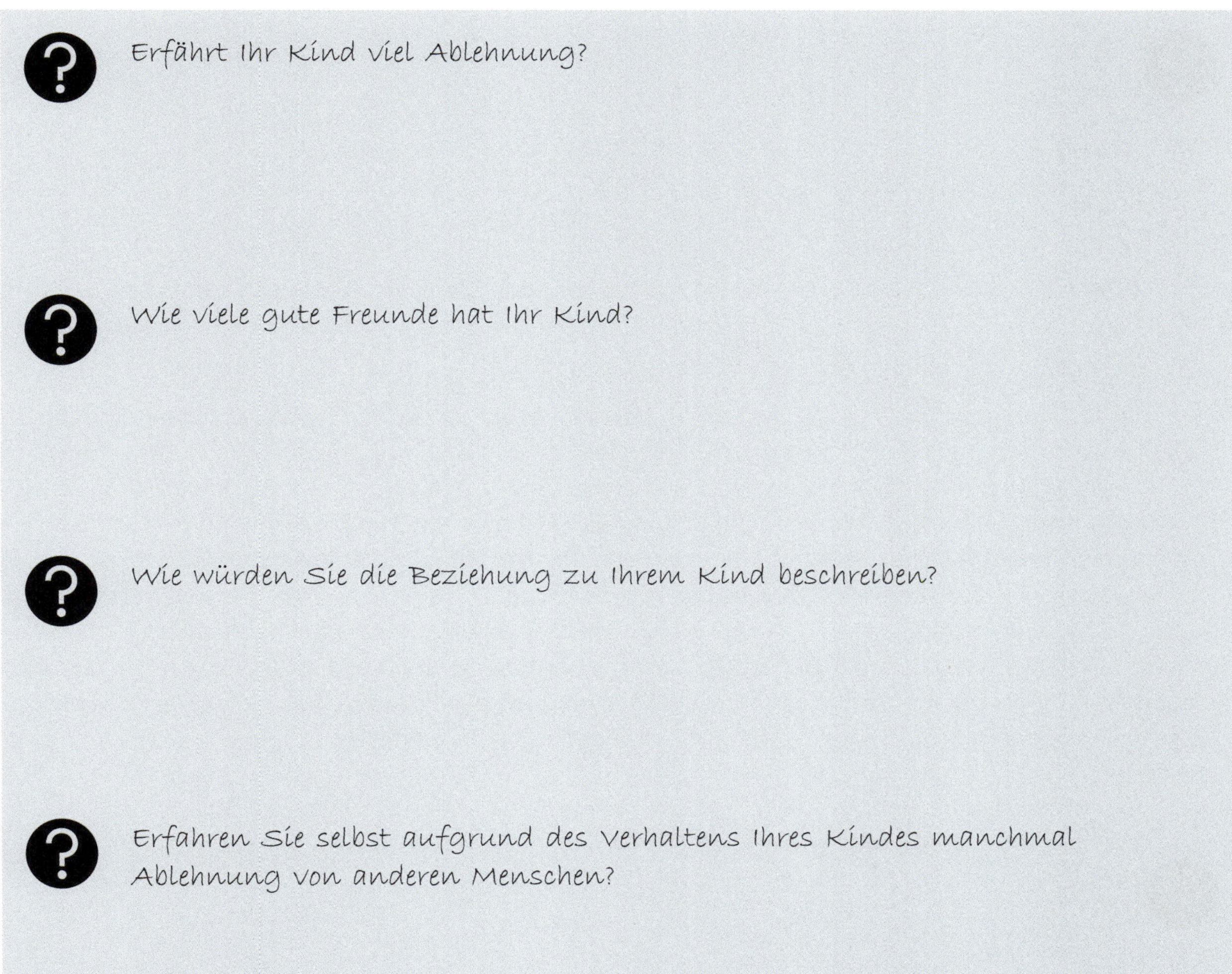

3. Was sind die Ursachen von ADHS?

Heutzutage geht man bei der Entwicklung einer ADHS von einem sogenannten multifaktoriellen Geschehen aus. Das bedeutet, dass meist mehrere Faktoren eine Rolle bei der Entwicklung der Probleme spielen und die Schwierigkeiten nicht auf eine einzige Ursache zurückgeführt werden können.

Bis heute gibt es keine eindeutige und allumfassende Erklärung für die Entstehung einer ADHS. Die meisten Wissenschaftler sind sich allerdings einig, dass die Hauptursachen der Problematik in Veränderungen der Funktionsweise des Gehirns bestehen und dass dafür vor allem erbliche Faktoren, aber auch Komplikationen während der Schwangerschaft, der Geburt oder der Neugeborenenperiode verantwortlich sind. Allerdings können die Bedingungen, unter denen die Kinder in der Familie, im Kindergarten und in der Schule aufwachsen, die Ausprägung und den Verlauf der Auffälligkeiten erheblich beeinflussen.

Der gegenwärtige Wissensstand zur Entstehung der ADHS lässt sich wie folgt zusammenfassen:

a) Neue Studien lassen vermuten, dass *erbliche Faktoren* bei der Entwicklung einer ADHS der bedeutendste Faktor sind. Hinweise darauf geben die unterschiedlichen Häufigkeiten, mit denen die Störung bei Jungen im Vergleich zu Mädchen auftritt, das gehäufte Vorkommen ähnlicher Auffälligkeiten bei den Eltern von Kindern mit ADHS und Studien mit eineiigen und zweieiigen Zwillingen.

Gibt es in Ihrer Familie jemanden, der ähnliche Probleme wie Ihr Kind hatte oder hat?

b) Früher ging man davon aus, dass ADHS in einem engen Zusammenhang mit *Komplikationen während der Schwangerschaft, der Geburt oder in der Neugeborenenperiode* (z. B. vorzeitige Wehentätigkeit, Nabelschnurumschlingung bei der Geburt oder Fall des Kindes vom Wickeltisch) steht, die eine Beeinträchtigung der Hirnfunktionen nach sich ziehen können, sogenannte minimale Hirnfunktionsstörungen oder *Minimale Cerebrale Dysfunktionen (MCD).* Inzwischen weiß man jedoch, dass der Zusammenhang zwischen diesen Komplikationen und den ADHS-Auffälligkeiten weniger eng ist als ursprünglich vermutet. Allerdings haben früh geborene Kinder mit einem sehr geringen Geburtsgewicht (unter 1500 g) ein erhöhtes Risiko, später ADHS-Auffälligkeiten zu entwickeln. Gleiches gilt für Kinder, deren Mütter während der Schwangerschaft übermäßig viel Alkohol getrunken oder geraucht haben. Bei der Mehrzahl der Kinder mit ADHS lassen sich aber derartige Komplikationen während der Schwangerschaft, der Geburt oder in der Neugeborenenperiode als Ursache der Störung ausschließen.

Gab es bei Ihrem Kind solche Komplikationen?

c) Neben den Störungen der Funktionsweise des Gehirns stehen auch Umweltfaktoren im Zusammenhang mit der Entwicklung einer ADHS. Zwar kommen die *familiären Bedingungen* des Kindes wie auch die *Bedingungen im Kindergarten und in der Schule* nicht als alleinige Ursache der Störung in Betracht, sie können aber einen erheblichen Einfluss auf die Ausprägung der Symptomatik und ihren weiteren Verlauf ausüben. Wir haben im letzten Baustein bereits besprochen, wie schnell man als Eltern und auch als Lehrer oder Lehrerin in einen Teufelskreis geraten kann und wie sich dadurch die Probleme verschlimmern können.

Können Sie Belastungen in der Familie oder in der Schule erkennen, die eine Rolle spielen könnten?

4. Wie entwickeln sich die Kinder weiter?

Üblicherweise zeigen sich die Auffälligkeiten einer ADHS vor dem Schulalter; meist lassen sie sich spätestens im Alter von fünf bis sechs Jahren gut erkennen. Häufig fallen betroffene Kinder aber schon im Kleinkindalter auf. Mit Beginn des Jugendalters vermindert sich vor allem die körperliche Unruhe, während Aufmerksamkeitsprobleme und impulsive Handlungen häufig bestehen bleiben und die Zeit der Pubertät oft besonders turbulent verläuft.

Wann haben die Verhaltensprobleme bei Ihrem Kind begonnen?

Im Folgenden werden die einzelnen Entwicklungsphasen kurz beschrieben.

Kleinkindalter

Bei vielen, aber nicht allen Kindern mit ADHS bemerken Eltern schon im ersten Lebensjahr ein extrem hohes Maß an Aktivität, Schlaf-, Fütter- und Verdauungsprobleme sowie häufiges Schreien. Allerdings gibt es auch viele Säuglinge, die durch diese Verhaltensweisen auffallen, später aber keine ADHS entwickeln. Umgekehrt gibt es Kinder mit ADHS, die als Säuglinge völlig unproblematisch waren.

Wie war Ihr Kind im Kleinkindalter?

Kindergartenalter

Die deutlichsten Merkmale bei Kindern mit ADHS im Alter von drei bis sechs Jahren sind allgemeine Anzeichen von motorischer Unruhe und extremer Umtriebigkeit. Die Kinder haben große Schwierigkeiten, in ein ruhiges und ausdauerndes Spiel zu finden. Da im Kindergarten oft wesentlich mehr Reize auf das Kind einströmen, die es ablenken können, sind die Auffälligkeiten dort manchmal stärker ausgeprägt als in der Familie. Zudem fallen viele Kinder im Kindergartenalter durch extreme Wutausbrüche und das Nichtbeachten von Grenzen und Anweisungen auf. Bei anderen treten Rückstände in der Entwicklung der Sprache, des körperlichen Bewegungsablaufes oder des freien Zeichnens auf.

Wie ist Ihr Kind im Kindergarten zurechtgekommen?

Grundschulalter

Häufig nehmen die Schwierigkeiten mit der Einschulung deutlich zu, da die Schule Anforderungen an Ruhe, Ausdauer und Konzentrationsfähigkeit der Kinder stellt, denen sie oft nicht gewachsen sind. Die Hausaufgaben werden in dieser Zeit häufig zum Hauptproblem innerhalb der Familie, das Kinder und auch ihre Eltern sehr belasten kann. Häufig treten schlechte Leistungen in der Schule auf, vor allem Probleme beim Lesen- und Schreibenlernen. Allerdings ist dies nicht immer der Fall. Viele Kinder (und Eltern) verlieren angesichts der beschriebenen Schwierigkeiten sehr schnell die Lust am Lernen.

Wie haben Sie die Zeit nach der Einschulung erlebt?

Jugendalter

Meist verringert sich mit Beginn der Pubertät die körperliche Unruhe der Kinder. Bisher ist nicht ganz klar, warum dies so ist. Aufgrund der hohen Regelmäßigkeit dieser Veränderung im Jugendalter vermutet man jedoch, dass körperliche Reifungsprozesse, vor allem Reifungsprozesse im Gehirn, eine zentrale Rolle spielen. Neben der motorischen Unruhe vermindern sich häufig auch die Konzentrationsprobleme und die Impulsivität mit dem Alter; im Vergleich zu Gleichaltrigen haben Jugendliche mit ADHS allerdings häufig noch stärkere Schwierigkeiten in diesen Bereichen. Bei Kindern mit einem günstigen Verlauf der Symptomatik zeigen sich jedoch häufig keine Unterschiede mehr im Vergleich zu Gleichaltrigen, auch wenn sie immer noch als sehr lebendig gelten. Die Pubertät kann dennoch recht turbulent verlaufen, insbesondere, wenn die Jugendlichen schon vorher oppositionelle und aggressive Verhaltensprobleme gezeigt haben.

Welche Sorgen machen Sie sich, wenn Sie an das Jugendalter Ihres Kindes denken?

Erwachsenenalter
Die Verhaltensprobleme können bis ins Erwachsenenalter hinein anhalten. Betroffene haben oft Schwierigkeiten in mehreren Lebensbereichen, insbesondere im Berufsleben und in engen Beziehungen, aber auch in Bezug auf Regelverstöße, z. B. im Straßenverkehr. Bei anderen geht mit dem Eintritt ins Erwachsenenalter eine weitere Verminderung der Probleme einher.

5. Was kann Ihrem Kind helfen?

Eltern von Kindern mit ADHS können eine Reihe von Therapien und Unterstützungsmöglichkeiten nutzen, um die Probleme zu vermindern. Dabei sollte Kernziel einer jeden Hilfestellung sein, das Familienleben und den Schulalltag des Kindes wieder in harmonische Bahnen zu lenken. Wichtig ist, dass Sie nicht versuchen sollten, Ihr Kind von Grund auf zu verändern! Zum einen ist dies gar nicht möglich, zum anderen würden Sie selbst und Ihr Kind damit nicht glücklich werden.

Kernprobleme von ADHS verringern
Um die Kernprobleme von ADHS zu vermindern, können Sie
- versuchen, ein umfassenderes Verständnis für die Probleme Ihres Kindes zu entwickeln,
- durch mehr Wissen und genaue Beobachtung häufiger voraussehen, wie Ihr Kind reagieren könnte, und sich besser „wappnen“,
- hilfreiche Erziehungsstrategien zu Hause anwenden,
- mit der Schule über spezielle Hilfestellungen für den Schulalltag und Fördermöglichkeiten sprechen,
- eine Psychotherapie (v. a. Verhaltenstherapie) für Ihr Kind beginnen,
- eine medikamentöse Therapie in Betracht ziehen (ab Schulalter und bei mittelgradig bis stark ausgeprägter ADHS).

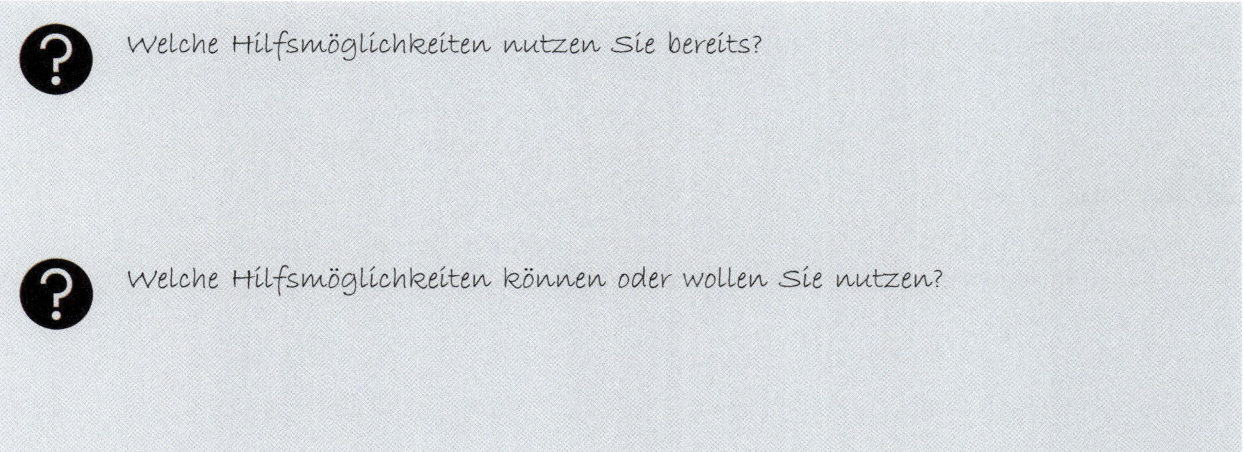

Auf diese Möglichkeiten gehen wir gleich noch näher ein. Viele Kinder mit ADHS haben jedoch auch noch weitere Probleme. Diese zusätzlichen Probleme vermindern sich manchmal schon mit der Behandlung der hyperkinetischen Auffälligkeiten, weshalb es sinnvoll ist, zunächst diese Auffälligkeiten zu behandeln.

Zusätzliche Probleme bei ADHS verringern
Für Kinder mit zusätzlichen Problemen haben sich bewährt:
- Gezielte Förderung der Lese-, Rechtschreib- oder Rechenfähigkeit bei Kindern mit umschriebenen Problemen im Lesen, Rechtschreiben oder Rechnen,

- Ergotherapie (Beschäftigungstherapie) oder Mototherapie für Kinder mit Beeinträchtigungen in der Körperkoordination oder der Feinmotorik,
- ergänzende psychologische oder pharmakologische Therapien zur Behandlung zusätzlicher psychischer Probleme des Kindes.
- Das Jugendamt kann Hilfen für Familien und für Kinder bereitstellen, wenn die Familien insgesamt in der Erziehung überfordert oder durch andere Belastungen stark beeinträchtigt sind oder wenn das Kind sehr stark psychisch beeinträchtigt ist.

Grundsätzlich sollte bei der Auswahl der Hilfsmaßnahmen für Kinder mit ADHS beachtet werden, dass die Maßnahmen in dem Bereich ansetzen, in dem es Probleme gibt: beim Kind selbst, in der Familie oder in der Schule. Es ist sehr wichtig, sich an diesem Prinzip zu orientieren, da die meisten Hilfsmaßnahmen eine sehr spezifische Wirkung haben. So ist beispielsweise nicht zu erwarten, dass sich neben den Koordinationsstörungen, die viele Kinder mit ADHS zeigen, durch Bewegungstherapie oder Krankengymnastik auch ADHS-Symptome in der Schule vermindern. Ebenso wenig sollten Sie erwarten, dass sich durch Maßnahmen in der Familie auch Probleme in der Schule vermindern lassen und umgekehrt. Um dem Kind und seinen Bezugspersonen wirkungsvoll helfen zu können, ist deshalb in der Regel eine Kombination von Maßnahmen günstig und notwendig.

Was kann man in der Familie tun?
Wenn Verhaltensauffälligkeiten in der Familie auftreten, sollte in der Familie etwas unternommen und verändert werden. Sie können dies selbständig versuchen oder auch die Unterstützung von „Profis" in Anspruch nehmen. Wenn Sie sich an einen Psychotherapeuten oder Arzt wenden, wird er sehr eng mit Ihnen zusammenarbeiten und mit Ihnen gemeinsam überlegen, welche Maßnahmen und Schritte in Ihrer Familie erfolgversprechend sein können. Der Wunsch, sein Kind zu einem Therapeuten zu bringen, der mit dem Kind in seinen vier Wänden eine Behandlung durchführt und dadurch die Probleme in der Familie löst, ist nachvollziehbar, aber nicht realistisch. Eine Arbeit ausschließlich mit dem Kind führt selten zum Erfolg. Ein Therapeut wird zwar auch mit dem Kind arbeiten, wird Sie aber sehr intensiv in diese Arbeit einbeziehen. Er wird mit Ihnen Maßnahmen besprechen, die Sie selbst zu Hause durchführen können, sodass auf diesem Wege Veränderungen in der Familie erreicht werden.

Also:

Hauptansatzpunkt bei Kindern mit ADHS-Symptomen oder oppositionellen Verhaltensauffälligkeiten in der Familie ist die Familie selbst. Dies gilt auch für die Arbeit mit diesem Buch, das Sie als Eltern bearbeiten.

In den folgenden Bausteinen werden wir genau solche Interventionen mit Ihnen einüben.

Was kann man in der Schule tun?
In der Schule zeigen die meisten Kinder mit ADHS einerseits Verhaltensprobleme, sind also unkonzentriert, motorisch unruhig, impulsiv und oft auch oppositionell, und andererseits Leistungsprobleme. Beim Vorliegen deutlicher Leistungsprobleme ist es wichtig, dass eine psychologische Diagnostik durchgeführt wird, in der die Intelligenz untersucht und das Vorliegen umschriebener Leistungsstörungen (z. B. Lese-/Rechtschreibstörungen) überprüft wird. Grundsätzlich ist eine angemessene Beschulung die Grundvoraussetzung für die Veränderung der schulischen Probleme. So ist eine entsprechende Förderung beim Vorliegen umschriebener Leistungsprobleme sehr wichtig. Bei der Veränderung der Verhaltensprobleme im Unterricht ist eine Mitarbeit der Lehrerin oder des Lehrers sehr günstig und erfolgversprechend. Durch klare Strukturen, viel Lob, aber auch klare Konsequenzen können Lehrerinnen und Lehrer Kinder mit ADHS

unterstützen. Sie als Eltern sollten einen engen Austausch mit der Schule anstreben. Manche Eltern haben die Sorge, dass ihr Kind als Außenseiter oder „Problemkind" behandelt wird, wenn sie in der Schule von seinen ADHS-Problemen berichten. Bedenken Sie jedoch, dass Lehrerinnen und Lehrer am besten auf die individuellen Schwierigkeiten Ihres Kindes eingehen können, wenn sie genau über seine Schwierigkeiten Bescheid wissen. Versuchen Sie, gegenüber den Lehrerinnen und Lehrern Ihres Kindes eine möglichst kooperative Haltung einzunehmen – Sie alle möchten, dass Ihr Kind in der Schule gut zurechtkommt und sich wohlfühlt, und das klappt am besten, wenn alle an einem Strang ziehen. Sollten Sie sich einmal über eine Lehrerin oder einen Lehrer ärgern, achten Sie darauf, dies nicht klar vor Ihrem Kind zu benennen, sondern es lieber mit Ihrem Partner/Ihrer Partnerin oder guten Freunden zu besprechen. Es besteht sonst die Gefahr, dass Ihr Kind den Respekt vor der Lehrperson verliert und die Verhaltensprobleme in der Schule sich in der Folge verschlimmern.

Oft haben Lehrerinnen und Lehrer eigene gute Ideen, sie können sich aber auch in Ratgebern, die am Ende dieses Bausteins genannt werden, weitere Hilfen holen und sie können sich am konkreten Fall eines Kindes vom Psychotherapeuten oder Arzt beraten lassen. Falls die regulären Fördermöglichkeiten in der Schule nicht ausreichen und die Schülerinnen oder Schüler nicht mehr tragbar für den Unterricht oder das soziale Miteinander sind, kann von der Schule ein Förderbedarf festgestellt werden, und es können entsprechende Fördermaßnahmen in der Schule eingeleitet werden. Alternativ kann eine Beschulung in einer Förderschule in Betracht gezogen werden.

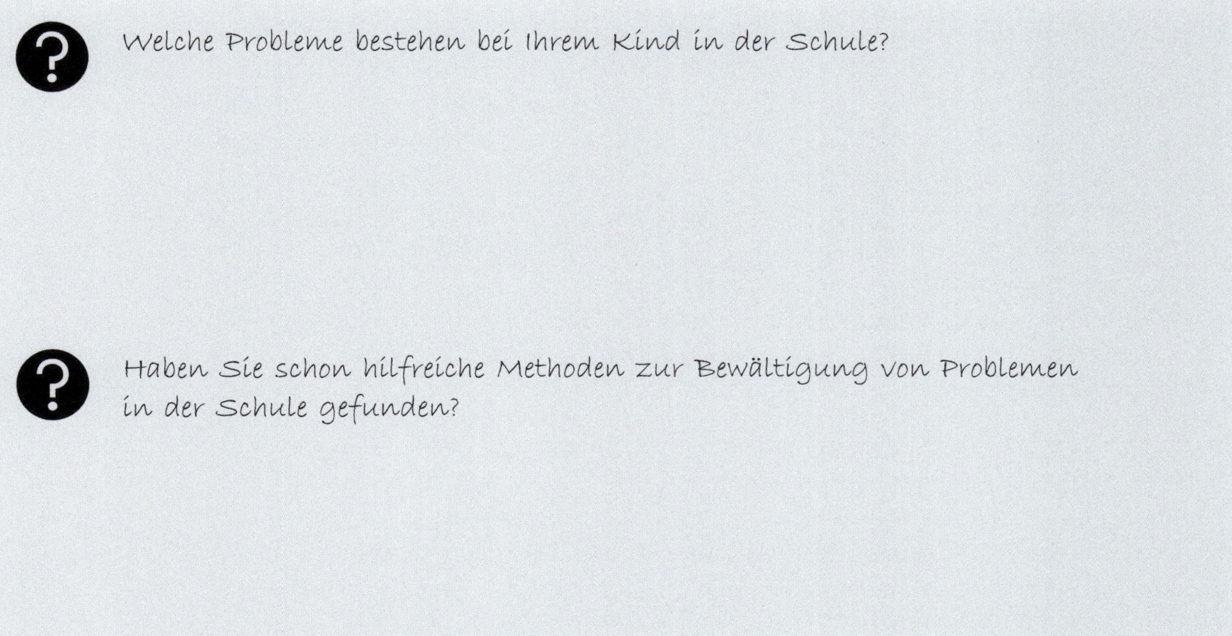

Ist Psychotherapie hilfreich?
Es gibt verschiedene psychotherapeutische Verfahren für Kinder. Für Kinder mit ADHS hat sich unter diesen Verfahren besonders die Verhaltenstherapie bewährt. Solche Verhaltenstherapien werden teilweise von Beratungsstellen (z. B. Familienberatungsstellen) und vor allem von niedergelassenen psychologischen Psychotherapeuten, ärztlichen Psychotherapeuten und speziellen Kinder- und Jugendlichenpsychotherapeuten oder in Praxen für Kinder- und Jugendpsychiatrie angeboten. Sie müssen aber gezielt nachfragen, ob die Therapeuten Verhaltenstherapie anbieten und auf Kinder- und Jugendlichentherapie spezialisiert sind. Leider gibt es in den meisten Regionen immer noch viel zu wenige Therapeuten, die diese Therapien anbieten können.

Ziehen Sie die Möglichkeit einer Verhaltenstherapie für Ihr Kind in Betracht?

Denken Sie, eine Verhaltenstherapie könnte bei Ihrem Kind hilfreich sein?

Unter dem Begriff der Verhaltenstherapie werden verschiedene psychologische Behandlungsformen zusammengefasst, die sich an das Kind selbst, die Familie und/oder die Schulen richten können:

- An die **Familien:** Elterntrainings und Interventionen in der Familie, die auf die Verminderung von hyperaktivem, impulsivem und unaufmerksamem sowie oppositionellem und aggressivem Verhalten des Kindes oder Jugendlichen hauptsächlich in der Familie abzielen;
- An die **Schulen:** Interventionen in der Schule, die auf die Verminderung von hyperaktivem, impulsivem und unaufmerksamem sowie oppositionellem und aggressivem Verhalten des Kindes oder Jugendlichen hauptsächlich in der Schule abzielen;
- An die **Kinder** selbst: Direkte Therapie des Kindes oder Jugendlichen, die dem Patienten helfen soll, die ADHS-Symptome sowohl in der Therapiesitzung als auch in seinem alltäglichen Umfeld zu vermindern.

Zur Optimierung der Effekte der Therapie in den verschiedenen Lebensbereichen des Kindes (Schule, Familie, Freizeitbereich) werden diese verschiedenen Behandlungsformen häufig miteinander kombiniert. In umfassenden internationalen Studien zur Untersuchung der Wirksamkeit dieser Behandlungsmethoden bei Kindern mit ADHS erwiesen sich die Interventionen in der Familie und in der Schule als besonders wirksam. Die Behandlungsbausteine, die sich an das Kind selbst wenden, waren alleine für sich weniger wirksam. Die Behandlung des Kindes gewinnt aber an Bedeutung, je mehr das Kind auch andere Auffälligkeiten zeigt (z. B. oppositionelle oder emotionale Probleme) oder je stärker Verhaltensschwierigkeiten im Vordergrund stehen.

Sind Medikamente hilfreich?

Bei Kindern mit ADHS kann eine medikamentöse Therapie eine wichtige Komponente in der Behandlung sein. In manchen Fällen ist eine medikamentöse Behandlung sogar eine bedeutsame Voraussetzung für den erfolgreichen Einsatz anderer Behandlungsformen. Am häufigsten werden sogenannte Psychostimulanzien in der medikamentösen Therapie von ADHS eingesetzt. Man unterscheidet Medikamente mit kurzer Tageswirkdauer und Medikamente mit längerer Tageswirkdauer. Eine weitere medikamentöse Möglichkeit besteht durch Arzneimittel, die einen anderen Wirkmechanismus haben. Ihr Arzt wird Sie über die verschiedenen möglichen Arzneimittel informieren.

Ziehen Sie die Möglichkeit einer medikamentösen Behandlung für Ihr Kind in Betracht oder wird es bereits medikamentös behandelt?

Bei mindestens 70 % der Kinder mit ausgeprägter ADHS lässt sich durch die Medikamente eine deutliche Verminderung der Auffälligkeiten erreichen. Es ist allerdings zu bedenken, dass die Wirkung der Medikamente nur so lange andauert, wie sie verabreicht werden. In der Regel ist daher eine längerfristige, d.h. mehrjährige, medikamentöse Behandlung und oft auch eine Kombination mit den anderen Behandlungsmaßnahmen erforderlich.

In der überwiegenden Zahl der Fälle sind die Nebenwirkungen einer Behandlung mit den bei ADHS üblichen Medikamenten gering. Häufig treten sie nur vorübergehend auf und verschwinden mit Absetzen der Medikation fast immer. Eine Überprüfung der Wirksamkeit einer Behandlung mit diesen Medikamenten ist daher in der Regel ohne größeres Risiko möglich. Die häufigsten möglichen Nebenwirkungen sind Schlafstörungen und Appetitminderungen. Manchmal kommen auch Weinerlichkeit oder Zuckungen (Tics) oder auch andere psychische Auffälligkeiten vor. Blutdruck und Herzfrequenz können sich erhöhen. Diese Nebenwirkungen sind allerdings meist nicht sehr stark oder lassen sich durch eine Verminderung der Dosierung abschwächen. Sowohl beim Behandlungsversuch als auch unter der Dauertherapie ist dennoch eine regelmäßige Kontrolle notwendig.

Eine medikamentöse Therapie ist oft hilfreich, aber nicht immer notwendig. Sie wird vor allem bei Kindern mit mittelgradiger oder starker ADHS-Symptomatik eingesetzt und auch dann, wenn andere Therapien nicht genügend geholfen haben oder gar nicht zur Verfügung stehen. Eine Kombination mit anderen Therapien und Hilfen ist vor allem dann sinnvoll, wenn die medikamentöse Therapie allein nicht ausreichend ist. Eine medikamentöse Therapie sollte jedoch immer zumindest in eine regelmäßige Beratung eingebettet sein.

Wenn Sie Fragen zur medikamentösen Therapie haben, wenden Sie sich an Ihre Ärztin oder Ihren Arzt.

Weitere Informationen zur ADHS und zu den Therapiemöglichkeiten

Döpfner, M. & Schürmann, S. (2017). *Wackelpeter & Trotzkopf. Hilfen für Eltern bei ADHS-Symptomen, hyperkinetischem und oppositionellem Verhalten* (5., aktualisierte Auflage). Weinheim: Beltz.

Döpfner, M., Frölich, J., Wolff Metternich-Kaizmann, T. (2019). *Ratgeber ADHS. Informationen für Betroffene, Lehrer und Erzieher zu Aufmerksamkeitsdefizit-/Hyperaktivitätsstörungen* (3., aktualisierte Auflage). Göttingen: Hogrefe.

Döpfner, M., Eichelberger, I., Dose, C., Hanisch, C., Schürmann, S. & Wolff Metternich-Kaizman, T. (in Vorbereitung). *Den Alltag meistern mit ADHS. Das Arbeitsbuch für Lehrkräfte von Kindern im Alter von 6 bis 12 Jahren.* Göttingen: Hogrefe.

ADHS-Infoportal unter www.adhs.info

Baustein 3

Sich wieder mögen lernen

Materialien zum Baustein 3
Memokarte 1: Was mögen Sie an Ihrem Kind?
Memokarte 2: Schaffen Sie mehr gemeinsame positive Zeiten
Türschild: Spaß- und Spielzeit! Bitte nicht stören!

→ Sie finden die Materialien am Ende des Bausteins (s. Seite 70) und als PDF-Download (s. Seite 168).

Kennen Sie das?

Bereits vor der Schule raubt Lukas seiner Mutter durch sein Verhalten den letzten Nerv. Ständig treibt er irgendeinen Unfug, verbreitet Unruhe und ärgert seine Geschwister. Das geht den ganzen Tag über so weiter. Lukas Mutter hat das Gefühl, dass sie in letzter Zeit überhaupt keine schönen Erfahrungen mehr mit Lukas gemacht hat. Früher haben sie oft miteinander gespielt oder sich einfach nur etwas erzählt. Diese angenehmen Zeiten sind leider selten geworden. Die Mutter hat das Gefühl, dass sie nur noch damit beschäftigt ist, mit Lukas zu schimpfen und ihn zu ermahnen. Sie hat den Eindruck, dass er sich ständig danebenbenimmt und sie sich kaum noch über ihn freuen kann. Lukas fühlt sich aber genauso: Er kennt seine Mama nur noch schimpfend und denkt manchmal, dass sie ihn gar nicht mehr gernhat.

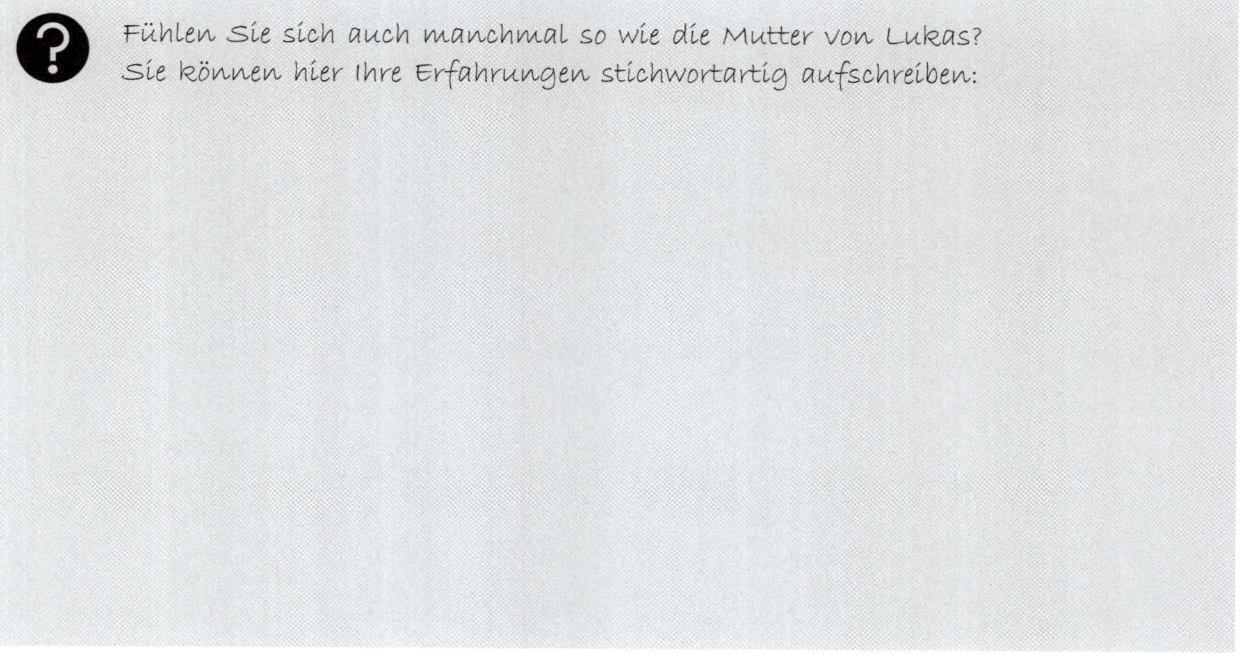

Was wollen wir in diesem Baustein erreichen?

Liebe Eltern!

Im ersten Baustein haben wir Ihnen bereits den Teufelskreis vorgestellt, in den auch Lukas und seine Mutter geraten sind: Durch eine Vielzahl von schwierigen Situationen mit dem Kind haben die Eltern das Gefühl, dass sie kaum noch schöne Erlebnisse mit ihrem Kind haben. Den Kindern geht es oft genauso. Sie haben das Gefühl, dass die Eltern nichts mehr an ihnen mögen und nur noch mit ihnen schimpfen, egal, was sie tun. Wenn Eltern in einem solchen Teufelskreis stecken, nehmen sie oft nur noch die Probleme wahr und können die schönen Erlebnisse mit ihrem Kind nicht mehr sehen.

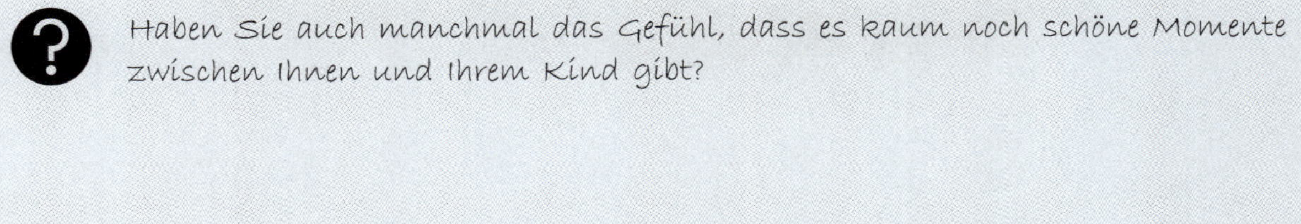

Für die Eltern ist der Umgang mit den häufigen Verhaltensproblemen ihres Kindes sehr anstrengend. Zeigt das Kind jedoch einmal ein erwünschtes Verhalten, beschäftigen sich die Eltern häufig mit bisher liegengebliebenen Tätigkeiten und beachten ihr Kind nicht weiter. Dies ist jedoch eine Falle: Das Kind bekommt die Aufmerksamkeit der Eltern hauptsächlich dann, wenn es sich problematisch verhält, und immer seltener, wenn es Regeln und Aufforderungen befolgt und es gut läuft. Um dieser Entwicklung entgegenzusteuern, sollten Sie versuchen, wieder schöne und angenehme Zeiten mit Ihrem Kind zu verbringen. Dies ermöglicht Ihrem Kind die Erfahrung, dass Sie sich nicht nur dann Zeit nehmen, wenn es Probleme gibt.

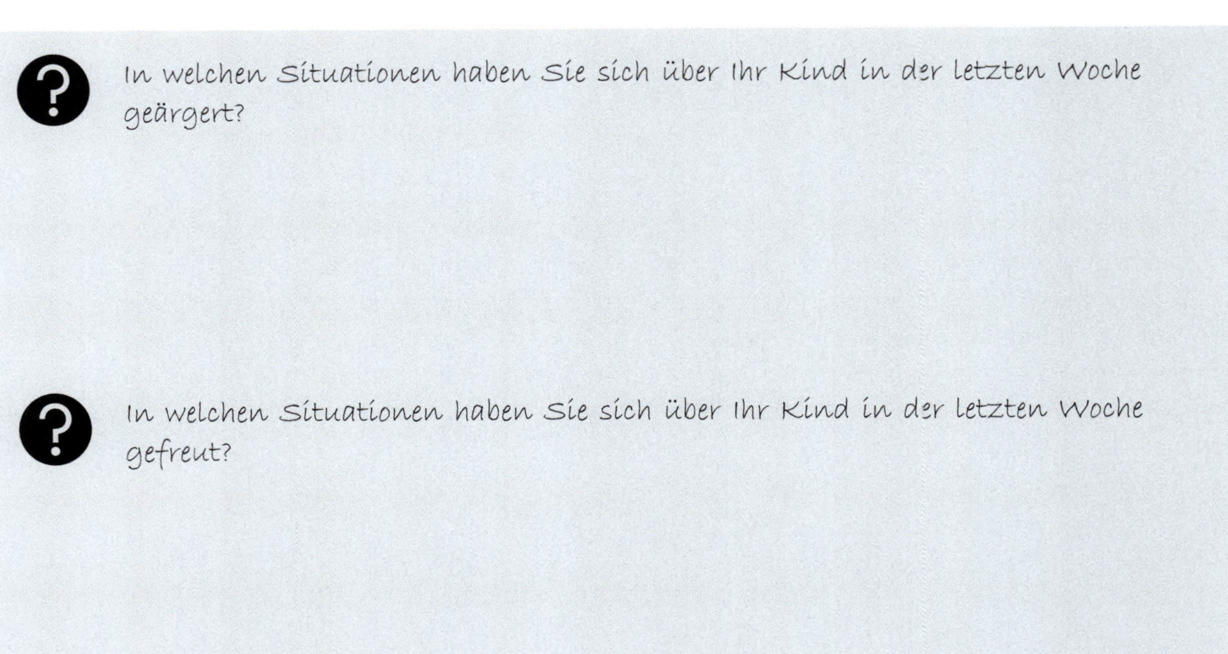

© Klaus Gehrmann

In diesem Baustein möchten wir Ihnen Möglichkeiten aufzeigen, die Ihnen helfen können, den Teufelskreis zu durchbrechen und sich wieder mögen zu lernen. Im ersten Teil werden wir besprechen, wie Sie es schaffen, auch die angenehmen Erlebnisse mit Ihrem Kind und die guten Seiten an ihm vermehrt wahrzunehmen. Im zweiten Teil werden wir Ihnen verschiedene Möglichkeiten vorstellen, die Ihnen helfen können, wieder mehr schöne und angenehme und damit „wertvolle" Zeit mit Ihrem Kind zu verbringen.

Können Sie sich vorstellen, dass mehr positive Zeit mit Ihrem Kind helfen kann, dass die Probleme langsam weniger werden?

Kernziel dieses Bausteins ist es, die Beziehung zwischen Ihnen und Ihrem Kind zu stärken, es geht also noch nicht darum, konkrete Verhaltensprobleme zu verändern. Dennoch ist dieser Baustein außerordentlich wichtig, denn Sie schaffen mit ihm wichtige Grundlagen, die notwendig sind, um durch weitere Maßnahmen die Verhaltensprobleme Ihres Kindes effektiv zu vermindern. Erst nach der Förderung einer starken positiven Beziehung zwischen Eltern und Kind können die nächsten Schritte helfen, nämlich klare Regeln aufstellen und positive wie negative Konsequenzen setzen, auf die wir in den folgenden Bausteinen noch zu sprechen kommen.

Das kann Ihnen helfen!

Teil 1: Was mögen Sie an Ihrem Kind?

Ein erster Schritt, den Teufelskreis zu durchbrechen, besteht darin, auch wieder die positiven Eigenschaften Ihres Kindes und die angenehmen Erlebnisse mit ihm zu beachten. Sicherlich gibt es doch neben den vielen bestehenden Problemen immer noch Dinge, die Sie an Ihrem Kind mögen und die es gut macht. Wichtig ist, dass es nicht darum geht, vorhandene Probleme schönzureden. Vielmehr wollen wir Ihnen einige Vorschläge machen, die Ihnen helfen können, eine möglicherweise einseitige negative Sichtweise etwas zu verändern. Wenn es viele Schwierigkeiten gibt, hat man nämlich oft irgendwann den Eindruck, dass es nur noch Probleme gibt, und die positiven Dinge werden leicht übersehen.

Es ist sehr wichtig, dass Sie die positiven Eigenschaften Ihres Kindes und die schönen Erlebnisse mit ihm wieder vermehrt wahrnehmen und ihm dies auch rückmelden, auch wenn sich mit diesen Maßnahmen sicher nicht alle Probleme lösen lassen. Nach unseren Erfahrungen leisten sie aber einen wichtigen Beitrag zur Verbesserung der Stimmung in der Familie. Zudem bilden sie die Grundlage dafür, dass sich Spannungen und festgefahrene Verhaltensmuster langsam wieder auflösen können.

1. Achten Sie auf das, was Ihnen an Ihrem Kind gefällt.
Überlegen Sie, in welchen Situationen Sie mit Ihrem Kind zufrieden sind und wann Sie sich über Ihr Kind freuen. Wann sind Sie stolz auf Ihr Kind? Was kann Ihr Kind gut? Beachten Sie auch Eigenschaften, Stärken und Interessen Ihres Kindes, die Ihnen gefallen, wie:

- Mein Kind ist sehr kreativ,
- kann gut Geschichten erzählen,
- kann sich selbständig und ausdauernd mit seinem Lego beschäftigen,
- kommt schnell in Kontakt mit anderen Kindern,
- schmust gerne mit mir,
- ist freundlich und hilfsbereit,
- ist sehr offen,
- kann gut Witze erzählen und bringt andere oft zum Lachen,
- ist oft fröhlich,
- kann sich durchsetzen,
- setzt sich oft für schwächere Kinder ein,
- ist sehr schlagfertig,
- singt gerne,
- ist technisch sehr interessiert,
- spielt gerne mit seinem kleinen Bruder.

© Klaus Gehrmann

Was gefällt Ihnen an Ihrem Kind? Bitte hier sammeln.

1.

2.

3

4.

2. Beachten Sie auch Kleinigkeiten und „Selbstverständlichkeiten“.
Machen Sie sich einmal Gedanken darüber, was im Alltag mit Ihrem Kind gut klappt. Denken Sie dabei besonders auch an Kleinigkeiten und an Dinge, die Sie möglicherweise als selbstverständlich empfinden, wie:

- Mein Kind zieht sich morgens selbständig an,
- begrüßt mich nach der Schule freudig und erzählt vom Vormittag,
- freut sich über gemeinsame Aktivitäten,
- bedankt sich, wenn ich ihm/ihr bei etwas helfe,
- hilft mir, die Einkäufe in die Wohnung zu tragen.

?

Welche Kleinigkeiten liefen mit Ihrem Kind in den letzten Tagen gut?
Bitte hier sammeln.

1.

2.

3

4.

3. Achten Sie darauf, wenn üblicherweise schwierige Situationen besser laufen als sonst.
Wenn eine Situation, in der es häufig Schwierigkeiten gibt, z. B. das Anziehen, einmal besser klappt, beachten viele Eltern dies nicht oder sagen eher kritisch: „Warum nicht immer so?“ Das erlebt das Kind jedoch mehr als Tadel. Einerseits sagen ihm seine Eltern zwar, dass es diesmal etwas gut gemacht hat, gleichzeitig schwingt jedoch die Kritik mit, dass die Situation ansonsten weniger gut klappt.

Deshalb ist es wichtig, dass Sie als Eltern bewusst auf Situationen achten, die auch manchmal weniger problematisch ablaufen. Oft haben Eltern den Eindruck, dass ihr Kind ein bestimmtes problematisches Verhalten immer zeigt. Allerdings trifft dies nur in den seltensten Fällen zu! In der Regel wird es immer wieder vorkommen, dass eine schwierige Situation auch einmal besser abläuft, z. B. dass Ihr Kind mit den Hausaufgaben schneller beginnt als sonst. Besonders bei einem Kind mit ADHS ist das nicht selbstverständlich! Es ist daher sehr gut, wenn Sie es immer öfter schaffen, das weniger problematische oder unproblematische Verhalten Ihres Kindes wahrzunehmen, anzuerkennen und Ihrem Kind auch positiv zurückzumelden bzw. es zu loben.

4. Überlegen Sie, was Ihr Kind häufig und gern macht, und versuchen Sie, daraus seine Stärken und Interessen abzuleiten.

Notieren Sie einmal alles, was Ihr Kind häufig und gern macht. Tun Sie dies zunächst unabhängig davon, ob Sie es selbst gut finden oder nicht. Schreiben Sie ruhig auch das auf, was Sie eigentlich ausschließlich problematisch finden. Tatsächlich lassen sich Verhaltensweisen und Interessen nämlich oft nicht nur in „gut“ oder „schlecht“ einteilen, und auch in schwierigen Verhaltensweisen oder problematischen Interessen lässt sich mitunter Positives entdecken! Denken Sie deshalb einmal darüber nach, ob Sie an den von Ihnen notierten Verhaltensweisen (auch) etwas Positives finden können. Was an dem Verhalten Ihres Kindes ist (auch) erfreulich? Hier einige Beispiele, wie Sie als problematisch empfundene Verhaltensweisen auch positiv sehen können.

Was macht Ihr Kind häufig oder besonders gern?	Was ist daran (auch) positiv?
• Mein Kind ist oft „zappelig“, tobt oft durch die Wohnung,	• Mein Kind ist bewegungsfreudig, aktiv und hat viel Energie,
• quasselt ununterbrochen,	• erzählt mir gerne etwas, lässt mich an seinen Ideen und Erlebnissen teilhaben,
• unterbricht mich oft, möchte ständig, dass ich mich mit ihm beschäftige,	• hat viele Ideen, verbringt gerne Zeit mit mir,
• wird schnell wütend, fühlt sich schnell ungerecht behandelt,	• hat einen ausgeprägten Gerechtigkeitssinn,
• ist oft laut und wild, wenn wir bei anderen zu Besuch sind,	• hat ein gutes Selbstbewusstsein,
• ist ständig mit dem Smartphone beschäftigt.	• ist technisch interessiert, nutzt das Smartphone, um Kontakte zu Freunden zu pflegen.

5. Zeigen Sie Ihrem Kind, wenn Sie etwas gut finden.

Verständlicherweise zeigen Sie Ihrem Kind, was Ihnen nicht gefällt – daher hat Ihr Kind aber auf der anderen Seite auch ein Recht darauf, zu erfahren, was Sie gut an ihm finden! Dieser Punkt ist umso wichtiger, je mehr Probleme es mit Ihrem Kind gibt. Dabei sind bereits kurze Rückmeldungen ausreichend – es genügt, wenn Sie Ihr Kind anlächeln, ihm über die Haare streichen oder einfach „gut“ oder „schön“ sagen. Es ist also nicht notwendig, bei jeder Kleinigkeit in „Lobgesänge“ auszubrechen. Wenn Ihnen etwas Positives an Ihrem Kind auffällt, sollten Sie aber versuchen, sich ihm möglichst direkt zuzuwenden und ihm Ihre Anerkennung zu zeigen.

6. Schreiben Sie abends auf, was gut gelaufen ist.

Gehen Sie abends den Tag noch einmal in Ruhe in Gedanken durch und überlegen Sie, worüber Sie sich gefreut haben oder was an diesem Tag mit Ihrem Kind gut oder besser gelaufen ist als sonst. Tragen Sie diese Erlebnisse in das **Positiv-Tagebuch** auf der zweiten Seite der Memokarte 1 ein (siehe Abbildung 5). Überlegen und notieren Sie auch, wie Sie auf das Verhalten Ihres Kindes reagiert haben und ob und wie Sie ihm Ihre Anerkennung zeigen konnten.

7. Sprechen Sie mit Ihrem Kind über die positiven Ereignisse des Tages.

Es ist wichtig, dass Sie nicht nur für sich überlegen, welche positiven Ereignisse es an einem Tag gab, sondern dass Sie dies Ihrem Kind auch mitteilen. Zu welchem festen Zeitpunkt im Tagesablauf könnten Sie Ihrem Kind am besten eine solche Rückmeldung geben? Eine Möglichkeit ist beispielsweise, sich abends einige Minuten ans Bett Ihres Kindes zu setzen und sich mit ihm kurz darüber zu unterhalten, was an diesem Tag gut gelaufen ist und worüber Sie sich gefreut haben. Sie können dabei die Memokarte 1 zu Hilfe nehmen, auf der Sie die positiven Ereignisse und Erlebnisse des Tages notiert haben. Sollte der Zeitpunkt abends ungünstig für Sie sein, können Sie ein solches Gespräch auch zu einer anderen Zeit führen; wenn möglich, zu einem festen Zeitpunkt, der normalerweise nicht problematisch abläuft, z. B. bei einem gemeinsamen Kakao oder Ähnlichem.

Wichtig ist aber, dass Sie darauf achten, nicht zunächst die negativen Ereignisse des Tages aufzuzählen oder diese mit den positiven Erlebnissen aufzurechnen. Wenn es Probleme gab, können Sie kurz in einem Satz sagen, dass ja manches nicht so gut gelaufen ist. Gehen Sie aber dann ausführlich auf die positiven Ereignisse ein. Lassen Sie dieses kleine Gespräch lieber ganz ausfallen, wenn Sie einmal den Eindruck haben, dass Sie zu ärgerlich sind, um Ihrem Kind in Ruhe eine positive Rückmeldung zu geben.

Memokarte 1 **Baustein 3**

Positiv-Tagebuch

Notieren Sie bitte für die nächste Woche täglich, was mit Ihrem Kind gut gelaufen ist und worüber Sie sich gefreut haben. Denken Sie dabei bitte auch an kleine Ereignisse.

Nehmen Sie sich jeden Abend etwas Zeit, notieren Sie die positiven Erlebnisse mit Ihrem Kind und besprechen Sie diese mit Ihrem Kind.

Datum	Was lief gut?	Wie habe ich reagiert?
15.03.	Lukas hat sich selbständig angezogen.	Ich habe mich gefreut und ihn gelobt.
15.03.	Lukas hat beim Tischdecken geholfen.	Ich habe mich bedankt.
16.03.	Lukas hat mir von seinem	Ich war beschäftigt und bin kaum
	Schulausflug berichtet.	weiter auf ihn eingegangen.

Abbildung 5:
Positiv-Tagebuch (Memokarte 1, Seite 2)

Wann können Sie dieses Gespräch am besten in Ihren Tagesablauf einbauen?

8. Erwarten Sie keine Wunder!

Die bisher genannten Punkte können Ihnen helfen, die Stimmung in Ihrer Familie zu verbessern. Wir haben diese Punkte auf der Vorderseite der Memokarte 1 noch einmal für Sie zusammengefasst (siehe Abbildung 6). Vielleicht wird es Ihnen möglich sein, manche Dinge schon in einem anderen Licht zu sehen, und manchmal vermindern sich auch die Probleme schon ein wenig. Erwarten Sie aber keine starke Verringerung der Probleme durch diese Änderungen. Die in diesem Baustein besprochenen Techniken sind aber dennoch sehr wichtig, da Sie Ihnen helfen, eine positive Beziehung zu Ihrem Kind zu fördern und aufrechtzuerhalten. Sie sind damit eine wichtige und notwendige Grundlage für spätere Maßnahmen. Manchmal fällt es Kindern schwer, Lob und Zuwendung anzunehmen. Allerdings freuen sich die meisten Kinder über ein Lob, selbst wenn sie es zunächst nicht ausdrücken können. Lassen Sie sich dadurch also nicht entmutigen und loben Sie Ihr Kind auch dann weiterhin, wenn es sich nicht offen darüber freut!

Nehmen Sie jetzt die **Memokarte 1** zur Hand und tragen Sie das Wichtigste für sich ein!

Memokarte 1 — **Baustein 3**

Was mögen Sie an Ihrem Kind?

1. Achten Sie auf das, was Ihnen an Ihrem Kind gefällt:
   Lukas ist lustig, erzählt mir gerne etwas, ist hilfsbereit und setzt sich für andere ein.

2. Beachten Sie auch Kleinigkeiten und „Selbstverständlichkeiten":
   Lukas ist höflich und freut sich, wenn ich etwas mit ihm unternehme.

3. Achten Sie darauf, wenn üblicherweise schwierige Situationen besser laufen als sonst:
   Das Anziehen am Morgen und die Hausaufgaben klappen manchmal besser.

4. Überlegen Sie, was Ihr Kind häufig und gern macht, und versuchen Sie, daraus seine Stärken und Interessen abzuleiten:
   unterbricht mich oft – mag es, Zeit mit mir zu verbringen,
   spielt gern am PC – ist technisch interessiert

5. Zeigen Sie Ihrem Kind, wenn Sie etwas gut finden.

6. Schreiben Sie abends in das Positiv-Tagebuch auf der nächsten Seite, was gut gelaufen ist.

7. Sprechen Sie mit Ihrem Kind über die positiven Ereignisse des Tages.

8. Erwarten Sie keine Wunder.

Bemerkungen:

Abbildung 6:
Was mögen Sie an Ihrem Kind? (Memokarte 1, Seite 1)

Teil 2:
Schaffen Sie mehr gemeinsame positive Zeiten

Sie haben nun Anregungen bekommen, die Ihnen helfen sollen, die bereits vorhandenen schönen und positiven Erlebnisse mit Ihrem Kind wieder vermehrt zu beachten. Im zweiten Schritt geht es nun darum, dass Sie gezielt mehr positive Zeiten und Aktivitäten in Ihren Alltag einbauen. Wir wollen Ihnen helfen, Ihren Alltag günstiger zu gestalten, die Energie Ihres Kindes zu kanalisieren, kurze oder auch längere positive und damit wertvolle Zeiten einzubauen und somit insgesamt eine positive Atmosphäre zu schaffen. Dazu wollen wir Ihnen nun verschiedene Möglichkeiten vorschlagen. Überlegen Sie, welche Sie schon durchführen und wie Sie weitere Möglichkeiten konkret umsetzen und in Ihren Alltag integrieren können.

© Klaus Gehrmann

1. Fördern Sie die körperlichen Aktivitäten Ihres Kindes und kanalisieren Sie seine Energie.

Kinder mit ADHS haben oft eine beinahe unbegrenzte Energie. Um einem übermäßigen „Aufdrehen" und damit möglicherweise verbundenen Konflikten vorzubeugen, ist es wichtig, das Kind dabei zu unterstützen, diese Energie zu kanalisieren. Möglichkeiten zum Austoben sind prinzipiell für alle Kinder gut. Bedenken Sie aber, dass zielloses Toben für Kinder mit ADHS keinen besonderen Nutzen bringt, sondern sogar ins Gegenteil umschlagen kann. Folgende Punkte können Ihnen helfen, die besondere Energie Ihres Kindes mit ADHS im Alltag zu kanalisieren:

- Ihr Kind sollte nach Möglichkeit einmal am Tag (häufiger auch mit Ihnen zusammen) ins Freie gehen, auch bei schlechtem Wetter. In der Regel sind Kinder nach einem Aufenthalt im Freien auch in der Wohnung etwas ausgeglichener.
- Generell sollte Ihr Kind viel draußen unternehmen (sehr gerne auch mit Ihnen gemeinsam), wie zum Beispiel Fahrrad fahren, Inlineskaten, Fußball oder Federball spielen, Hüpfkästchen, Gummitwist, auf den nächsten Schulhof fahren und Tischtennis spielen, schwimmen gehen, in den Wald gehen und mit Ästen etwas bauen, Steine sammeln usw. Ihrer Fantasie (und der Fantasie Ihres Kindes) sind hier keine Grenzen gesetzt.
- Sportvereine: Welcher Sport ist günstig für Ihr Kind? Überlegen Sie, ob ihm eine Mannschaftssportart wie Fußball, Handball oder Basketball oder eine Einzelsportart wie Schwimmen, Tennis, Judo oder Taekwondo gefallen und guttun würde. Für welchen Sport zeigt Ihr Kind Interesse?

Welche Aktivitäten nutzen Sie bereits, um die Energie Ihres Kindes zu kanalisieren?

Welche Aktivitäten können Sie sich noch vorstellen, mit denen Sie die Energie Ihres Kindes sinnvoll kanalisieren können?

2. Gestalten Sie „Leerlaufzeiten" im Alltag aktiv.

Leerlaufzeiten, also Zeiten, in denen Kinder keiner konkreten Aktivität nachgehen, kommen im Alltag immer wieder vor und können von Kindern mit ADHS oft schwer bewältigt werden. Beispiele für solche Zeiten sind etwa die Fahrt im Auto, die Zeit, in der Sie kochen, oder generell Situationen, in denen das Kind gerade nichts zu tun hat. Vielleicht kennen Sie auch derartige Situationen, in denen das Kind dann unruhig wird und eine Situation entsteht, in der es vielleicht häufiger anfängt, seine Schwester oder seinen Bruder zu ärgern. Sie können Ihr Kind darin unterstützen, besser mit solchen kritischen Zeiten zurechtzukommen, indem Sie sie aktiv gestalten. So kann es sinnvoll sein, dem Kind einfach ein kurzes Spiel bzw. eine Beschäftigung vorzuschlagen.

Mögliche Spiele, für die man nichts benötigt (nicht einmal seine Hände)

- „Ich sehe was, was du nicht siehst."
- „Ich denke an etwas, woran du nicht denkst."
- „Ich bin eine berühmte Person/Comicfigur, die wir kennen, und du musst raten, wer." (Es sind nur Fragen erlaubt, die man mit „Ja" oder „Nein" beantworten kann.)
- „Wir denken uns lustige Sätze mit den Buchstaben auf den Nummernschildern aus." – zum Beispiel: „K – SW" wird zu „Kinder sind wunderbar." oder „Keiner sieht was."

Welche Leerlaufzeiten (z. B. warten aufs Essen oder bis alle fertig sind, um aus dem Haus zu gehen, im Auto fahren) treten in Ihrer Familie auf und sind für Ihr Kind schwierig?

Was genau könnten Sie ausprobieren, um diese Zeit besser zu gestalten?

3. Bauen Sie kurze Positiv-Zeiten mit Ihrem Kind in Ihren Alltag ein.

Im anstrengenden Alltag mit einem Kind mit ADHS haben Sie häufig kaum Freiräume und oft das Gefühl, nur unter Zeitdruck Ihren Tagesablauf schaffen zu können. Dabei entwickelt sich schnell eine gereizte, ungeduldige Stimmung und es bleibt wenig Raum für ein positives Miteinander. Kurze Positiv-Zeiten (d.h. sich Ihrem Kind positiv zuwenden) erfordern jedoch nur einen geringen Aufwand und können helfen, die Stimmung in der Familie deutlich zu verbessern. Sie können die kurze Positiv-Zeit dann einsetzen, wenn Ihr Kind auf Sie zukommt. Wichtig ist aber auch, dass Sie von Zeit zu Zeit aktiv auf Ihr Kind zugehen. Folgende Punkte können Ihnen dabei helfen:

- Wenden Sie sich, wann immer möglich, Ihrem Kind zu, wenn es zu Ihnen kommt, um Ihnen etwas zu sagen oder zu zeigen, und zeigen Sie Ihr Interesse.
- Wenn Ihr Kind Sie etwas fragt oder Ihnen etwas mitteilt, geben Sie ihm, wenn möglich, direkt eine Antwort oder führen Sie ein kurzes Gespräch, auch während Sie weiter beschäftigt sind (z.B. bei Haushaltstätigkeiten).

- Wenn Sie Ihre Tätigkeit für eine Positiv-Zeit unterbrechen müssten (z. B. bei Telefonaten oder konzentrierten Arbeiten am Computer), kündigen Sie Ihrem Kind kurz an, wann Sie die Zeit haben werden, um sich z. B. die Bastelarbeit genauer anzusehen oder seine Fragen zu beantworten, und kommen Sie dann wie angekündigt darauf zurück, sobald Sie Ihre Tätigkeit beendet haben.
- Gehen Sie gelegentlich von sich aus auf Ihr Kind zu und schenken Sie ihm für kurze Zeit Ihre volle Aufmerksamkeit, beispielsweise, indem Sie etwas fragen oder ihm etwas erzählen oder mit ihm gemeinsam etwas anschauen, sich zeigen lassen, was Ihr Kind gerade macht, oder mit ihm kurz etwas spielen oder schmusen. Nutzen Sie dafür günstige Momente, in denen Ihr Kind dies gut annehmen kann.

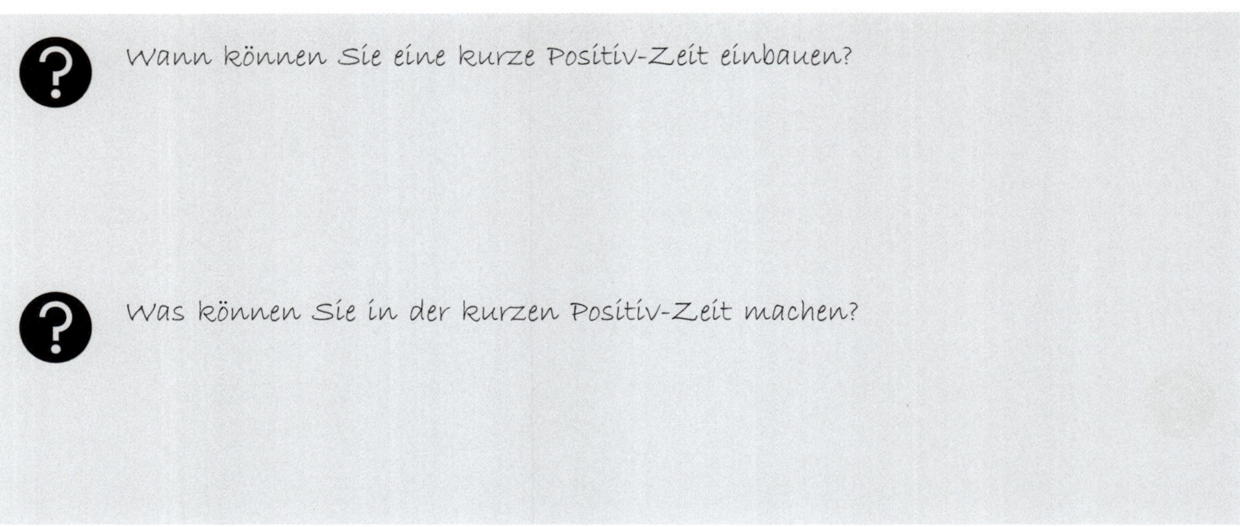

4. Planen Sie intensive Positiv-Zeiten mit Ihrem Kind: die Spaß- und Spielzeit.
Neben den kurzen Positiv-Zeiten, die möglichst häufig in den Alltag eingebaut werden sollten, können längere, intensive Positiv-Zeiten mit Ihrem Kind dazu beitragen, die positive Beziehung zu Ihrem Kind gezielt zu verbessern. Versuchen Sie also, über diese kurzen Positiv-Zeiten hinaus im Alltag Möglichkeiten für eine zeitlich intensivere Positiv-Zeit zu finden. Dazu stellen wir Ihnen hier eine sehr wirkungsvolle Möglichkeit vor: die Spaß- und Spielzeit. Bei der Spaß- und Spielzeit geht es vor allem darum, dass Sie und Ihr Kind gemeinsam Spaß haben und dass diese Zeit möglichst konfliktfrei ist. Dabei ist es eher zweitrangig, was genau Sie unternehmen.

Folgende Punkte können Ihnen bei der Gestaltung einer konfliktfreien Spaß- und Spielzeit helfen:

- Planen Sie etwa zweimal die Woche eine 20- bis 30-minütige besondere Spaß- und Spielzeit ein.
- Wenn möglich, sollten Sie sich in dieser Zeit nach den Wünschen Ihres Kindes richten. Überlegen Sie im Vorfeld mit Ihrem Kind, was es in dieser Zeit gerne spielen oder unternehmen würde (z. B. Bild malen, Lego bauen, Playmobil spielen, Brettspiele, gemeinsam backen, Nachtisch machen, in den Wald gehen, Fußball spielen). Falls Ihr Kind und Sie ein Brettspiel auswählen möchten, gibt es auch Spiele, bei denen das Gewinnen weniger im Vordergrund steht und bei denen nicht, wie bei „Mensch ärgere dich nicht", gegeneinan-

© Klaus Gehrmann

der gespielt wird – zum Beispiel „Activity". Alternativ können Sie sich auch neue Regeln ausdenken. Beispielsweise könnten Sie bei „Mensch ärgere dich nicht" vereinbaren, dass nur Erwachsene herausgeworfen werden dürfen, Kinder hingegen nicht. Das bereitet in der Regel allen Kindern Freude.
- Wenn die Spielzeit beginnen soll, können Sie das Türschild am Ende des Bausteins aufhängen oder auch ein eigenes basteln. (Das *Türschild: Spaß- und Spielzeit! Bitte nicht stören!* finden Sie auch im Downloadbereich zum Ausdruck.)
- Schenken Sie Ihrem Kind Ihre volle Aufmerksamkeit, widmen Sie sich in dieser Zeit ausschließlich Ihrem Kind, achten Sie auf das, was Ihr Kind macht oder sagt.
- Geben Sie in dieser Zeit möglichst keine Anweisungen und überlassen Sie dem Kind so weit wie möglich die Führung.
- Loben Sie Ihr Kind von Zeit zu Zeit oder sagen Sie ihm etwas Schönes (z.B. „Das macht mir Spaß!", „Das kannst du gut.").
- Falls Ihr Kind sich problematisch verhält, wenden Sie Ihre Aufmerksamkeit kurz ab. Wenn das Problemverhalten anhält, beenden Sie die Spielzeit und begründen Sie dies („Ich spiele gerne mit dir, aber nicht, wenn du dich so verhältst."). Sie können die Spielzeit zu einem späteren Zeitpunkt fortsetzen. Sagen Sie Ihrem Kind, dass Sie beim nächsten Mal wieder miteinander spielen können.

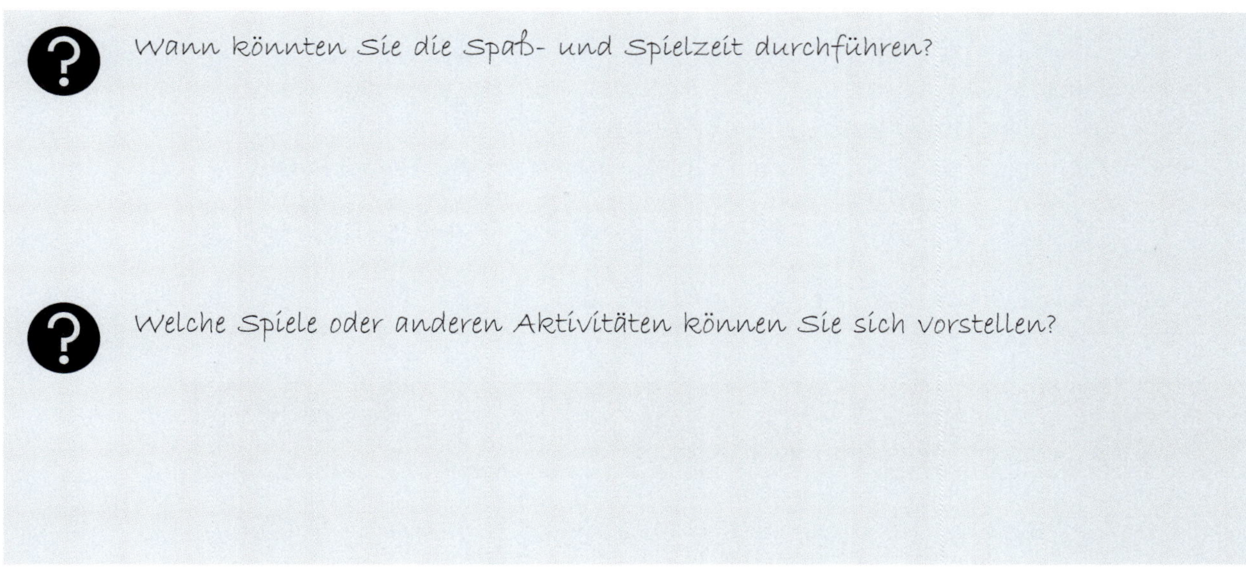

5. Denken Sie immer daran, Ihr Kind möglichst oft positiv anzusprechen und dadurch insgesamt eine positive Atmosphäre zu schaffen.
Kinder mit ADHS brauchen besonders viel direkte Ansprache, Bestätigung und Verstärkung, um sich gut entwickeln zu können. Für Sie bedeutet dies, dass Sie dem Anliegen Ihres Kindes zuhören sollten und, wann immer möglich, zumindest kurz darauf eingehen sollten. Sollten Sie beispielsweise bemerken, dass Ihr Kind etwas geschickt gemacht oder geschafft hat, ist es günstig und wichtig, dass Sie ihm eine kurze Bestätigung geben, dass es etwas gut macht, z.B. „Das kannst du gut!" oder „Du hast gut aufgepasst!" Durch solche kurzen positiven Rückmeldungen erhöhen Sie auch die Wahrscheinlichkeit, dass Ihr Kind sich auch beim nächsten Mal wieder anstrengt. Denken Sie daran, Ihr Kind so viel wie möglich zu ermutigen („Fang doch schon mal mit dem Zähneputzen an, heute werden sie sicher besonders sauber!", „Die Rechenaufgaben sind wirklich nicht leicht. Aber ich bin sicher, dass du viele schaffen wirst, ich komme dann gleich und kann dir bei den ganz schweren Aufgaben helfen!"). Dadurch stärken Sie sein Selbstvertrauen, Dinge schaffen und Schwierigkeiten bewältigen zu können. Kinder brauchen viel Ermutigung. So können sie mit einem guten Gefühl an eine Aufgabe herangehen und trauen sich mehr zu.

Nehmen Sie sich *Memokarte 2: Schaffen Sie mehr gemeinsame positive Zeiten* (siehe Abbildung 7) zur Hand und überlegen Sie, wann und wie Sie mehr positive Zeiten mit Ihrem Kind verbringen können. Notieren Sie Ihre Ideen auf der Memokarte und protokollieren Sie auf der zweiten Seite der Memokarte in der nächsten Zeit Ihre Erfahrungen.

Memokarte 2 **Baustein 3**

Schaffen Sie mehr gemeinsame positive Zeiten

1. Fördern Sie die körperlichen Aktivitäten Ihres Kindes und kanalisieren Sie seine Energie.
   Welche Aktivitäten bieten sich dafür an? Wann können diese stattfinden?
   1 x täglich rausgehen
   Fußball im Verein

2. Gestalten Sie „Leerlaufzeiten" im Alltag aktiv.
   Welche Leerlaufzeiten sind bei Ihnen oft schwierig? Was können Sie in den Zeiten anders machen?
   wenn ich koche – ein kurzes Spiel spielen oder Lukas kann mir helfen

3. Bauen Sie kurze Positiv-Zeiten mit Ihrem Kind in Ihren Alltag ein.
   Ideen für kurze Positiv-Zeiten? Wann können Sie diese einbauen?
   Nach der Schule über den Tag austauschen, Interesse an PC-Spiel zeigen

4. Planen Sie intensive Positiv-Zeiten mit Ihrem Kind: die Spaß- und Spielzeit.
   Spielideen für die Spaß- und Spielzeit? Wann können Sie diese einbauen?
   Dienstags und freitags vor dem Abendessen;
   Lego, Basteln, draußen Fußball spielen

5. Denken Sie immer daran, Ihr Kind möglichst oft positiv anzusprechen und dadurch insgesamt eine positive Atmosphäre zu schaffen.

Memokarte 2 **Baustein 3**

Schaffen Sie mehr gemeinsame positive Zeiten (Protokoll)

Datum	Wann ist es Ihnen heute gelungen, positive Zeit gemeinsam mit Ihrem Kind zu verbringen?	Wie ist Ihnen dies gelungen? Was haben Sie gemacht?
02.04.	nach der Schule	habe Lukas nach seinen
		Erlebnissen gefragt und er
		hat freudig berichtet
03.04.	beim Abendessen	Wir haben gemeinsam das
		Essen vorbereitet, das Lukas
		aussuchen durfte.

Abbildung 7:
Schaffen Sie mehr gemeinsame positive Zeiten (Memokarte 2)

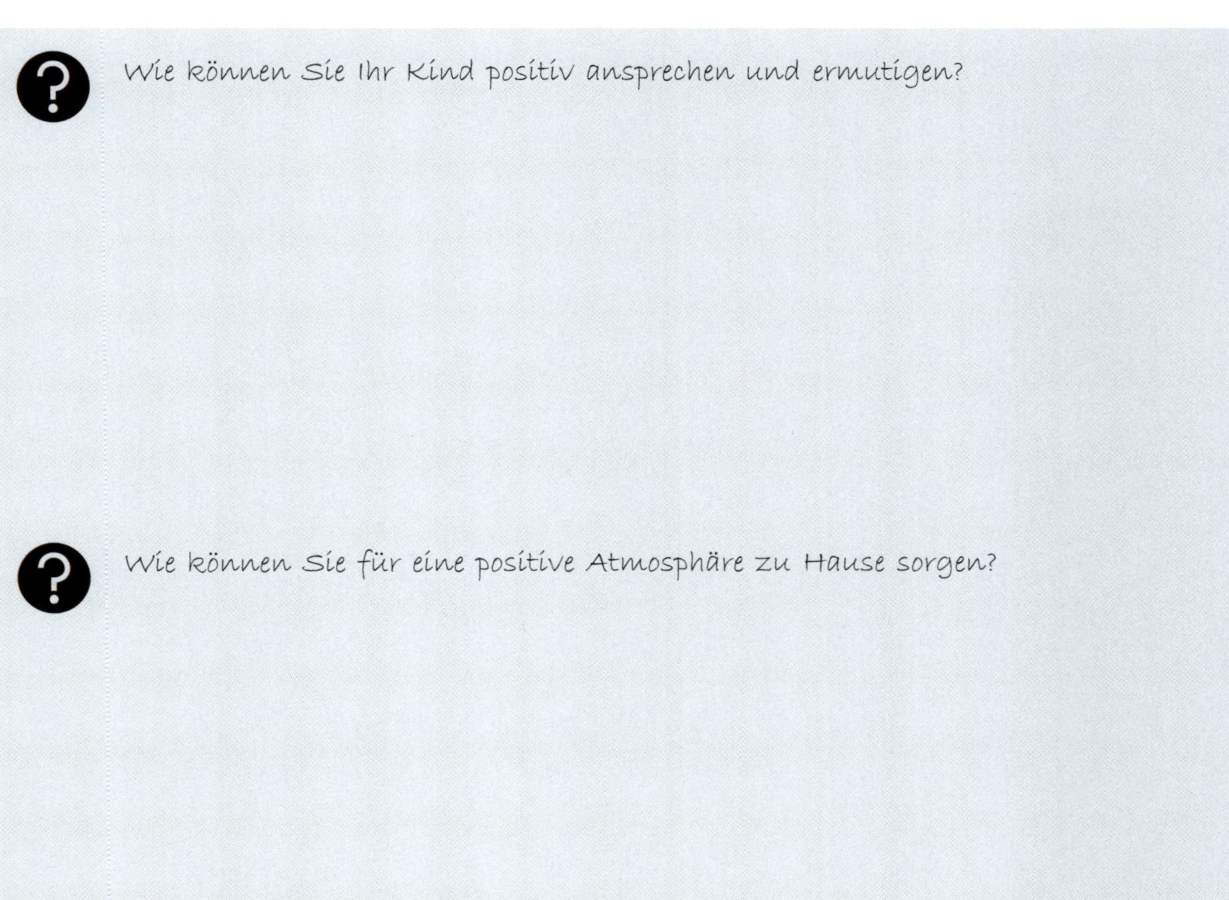
Wie können Sie Ihr Kind positiv ansprechen und ermutigen?
Wie können Sie für eine positive Atmosphäre zu Hause sorgen?

Memokarte 1 | Baustein 3

Was mögen Sie an Ihrem Kind?

1. Achten Sie auf das, was Ihnen an Ihrem Kind gefällt:

____

____

____

2. Beachten Sie auch Kleinigkeiten und „Selbstverständlichkeiten“:

____

____

____

3. Achten Sie darauf, wenn üblicherweise schwierige Situationen besser laufen als sonst:

____

____

____

4. Überlegen Sie, was Ihr Kind häufig und gern macht, und versuchen Sie, daraus seine Stärken und Interessen abzuleiten:

____

____

____

5. Zeigen Sie Ihrem Kind, wenn Sie etwas gut finden.
6. Schreiben Sie abends in das Positiv-Tagebuch auf der nächsten Seite, was gut gelaufen ist.
7. Sprechen Sie mit Ihrem Kind über die positiven Ereignisse des Tages.
8. Erwarten Sie keine Wunder.

Bemerkungen:

____

____

Memokarte 1

Baustein 3

Positiv-Tagebuch

Notieren Sie bitte für die nächste Woche täglich, was mit Ihrem Kind gut gelaufen ist und worüber Sie sich gefreut haben. Denken Sie dabei bitte auch an kleine Ereignisse.

Nehmen Sie sich jeden Abend etwas Zeit, notieren Sie die positiven Erlebnisse mit Ihrem Kind und besprechen Sie diese mit Ihrem Kind.

Datum	Was lief gut?	Wie habe ich reagiert?

Memokarte 2 Baustein 3

Schaffen Sie mehr gemeinsame positive Zeiten

1. Fördern Sie die körperlichen Aktivitäten Ihres Kindes und kanalisieren Sie seine Energie.
   Welche Aktivitäten bieten sich dafür an?
   Wann können diese stattfinden?

2. Gestalten Sie „Leerlaufzeiten“ im Alltag aktiv.
   Welche Leerlaufzeiten sind bei Ihnen oft schwierig?
   Was können Sie in den Zeiten anders machen?

3. Bauen Sie kurze Positiv-Zeiten mit Ihrem Kind in Ihren Alltag ein.
   Ideen für kurze Positiv-Zeiten?
   Wann können Sie diese einbauen?

4. Planen Sie intensive Positiv-Zeiten mit Ihrem Kind: die Spaß- und Spielzeit.
   Spielideen für die Spaß- und Spielzeit?
   Wann können Sie diese einbauen?

5. Denken Sie immer daran, Ihr Kind möglichst oft positiv anzusprechen und dadurch insgesamt eine positive Atmosphäre zu schaffen.

Memokarte 2

Baustein 3

Schaffen Sie mehr gemeinsame positive Zeiten (Protokoll)

Datum	Wann ist es Ihnen heute gelungen, positive Zeit gemeinsam mit Ihrem Kind zu verbringen?	Wie ist Ihnen dies gelungen? Was haben Sie gemacht?

© Klaus Gehrmann

Baustein 4

Sorgen Sie für klare Regeln!

Materialien zum Baustein 4
Memokarte 3: Sorgen Sie für klare Regeln!

→ Sie finden die Materialien am Ende des Bausteins (s. Seite 88) und als PDF-Download (s. Seite 168).

Kennen Sie das?

Was Kinder dürfen und was nicht – davon hat Lukas' Mutter eigentlich ganz bestimmte Vorstellungen. Aber im Alltag ist es oft gar nicht so einfach, diese Vorstellungen auch umzusetzen. Jeder Tag ist anders und ihre Nerven auch. Daher gelingt es ihr nicht immer in gleicher Weise, auf die Regeln und deren Einhaltung zu achten. An manchen Tagen ist es Lukas' Mutter etwa sehr wichtig, dass alle mit gewaschenen Händen am Tisch sitzen, an anderen wiederum legt sie kaum Wert darauf. Meistens besteht sie darauf, dass alle pünktlich nach Hause kommen. Und wenn Lukas nur fünf Minuten zu spät ist, wird sie sehr ärgerlich und verhängt Fernsehverbot für eine Woche. Doch dann gibt es wiederum auch Tage, da sagt sie gar nichts, obwohl Lukas erst bei Dunkelheit nach Hause kommt.

Außerdem sind Lukas' Eltern auch häufig unterschiedlicher Ansicht, welche Regeln gelten und wie streng sie sein sollten. Wenn Lukas' Vater nach der Arbeit nach Hause kommt und Lukas' Mutter ihm von den Schwierigkeiten mit Lukas erzählt, ist er oft zu müde, um sich damit zu beschäftigen, oder er schimpft direkt mit Lukas. Außerdem denkt auch er öfter selbst nicht an bestimmte Regeln im Haus, beispielsweise seine Schuhe und seine Jacke wegzuräumen. Lukas diskutiert dann, dass er es nicht einsieht, seine Sachen wegzuräumen, wenn sein Vater dies auch nicht tut. Lukas' Mutter hat dann manchmal das Gefühl, ihr Mann würde ihr in den Rücken fallen und sie müsste nun auch noch hinter ihm herräumen. Die Eltern streiten dann häufig miteinander.

Wie gehen Sie mit Familienregeln um?

Was wollen wir in diesem Baustein erreichen?

Liebe Eltern!

Vielen Eltern fällt die Erziehung ihres Kindes nicht immer leicht. Wie Lukas' Eltern geraten gerade Eltern von Kindern mit Verhaltensschwierigkeiten öfter in Situationen, in denen sie sich mal so und mal so verhalten. An einigen Tagen gelten bestimmte Regeln und es gibt harte Strafen, wenn sie nicht befolgt werden, an anderen ist den Eltern die Einhaltung der Regel überhaupt nicht wichtig. In Anbetracht der vielen Problemsituationen, mit denen diese Eltern täglich umgehen müssen, ist dies sehr verständlich. Irgendwann sind die eigenen Kräfte erschöpft. Manche Eltern legen für ihre Familie auch zu strenge Regeln fest und lassen den Kindern so zu wenig Freiräume. Andere Eltern wiederum vereinbaren kaum feste Regeln mit ihren Kindern und reagieren entsprechend auf jede Situation anders. All dies sind jedoch Gründe, die Familien immer öfter in den Teufelskreis führen.

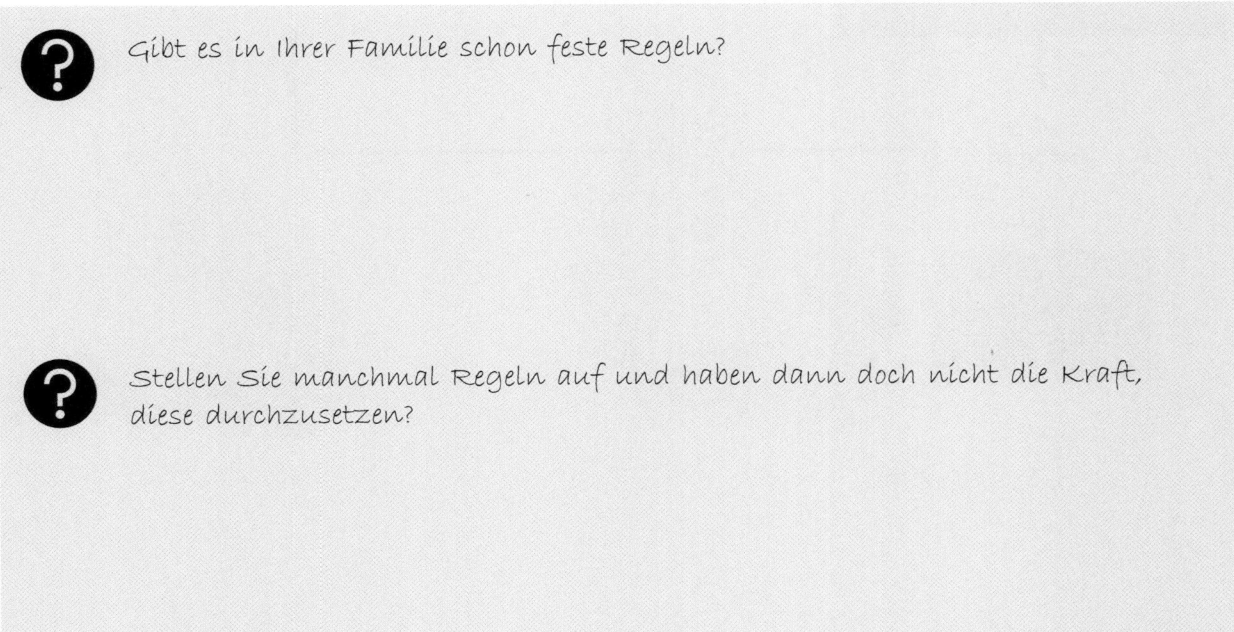

Für alle Kinder ist es wichtig, in ihrer Erziehung vernünftige Regeln und Grenzen zu erfahren. Für die Erziehung eines Kindes mit ADHS gilt dies noch einmal ganz besonders. In diesem Baustein wollen wir Sie daher darin unterstützen, wichtige Regeln in Ihrer Familie aufzustellen. Durch das Beachten von Positivem mit Ihrem Kind und mehr gemeinsame positive Zeiten, wie im letzten Baustein eingeführt, haben Sie bereits die zentrale Basis geschaffen, um den Teufelskreis anzuhalten. Es ist wichtig, dass Sie diese Punkte während der gesamten Zeit, in der Sie dieses Arbeitsbuch durchgehen, und auch darüber hinaus immer weiter beachten. **Hier geht es nun um einen ersten Schritt, um aktiv aus dem Teufelskreis auszubrechen.** Dabei werden wir uns mit den folgenden Fragen beschäftigen: Wie soll man Grenzen sinnvoll setzen? Welche Grenzen und Regeln sind wichtig? Was ist zu streng, was zu weich? Welche Grenzen und Regeln passen für mich und mein Kind? Dürfen Ausnahmen gemacht werden? Was soll passieren, wenn sich das Kind nicht an Regeln hält?

Die folgende Abbildung verdeutlicht die verschiedenen Schritte, um aus dem Teufelskreis auszubrechen. Diese Abbildung werden wir in den kommenden Bausteinen langsam aufbauen, um Ihnen zu verdeutlichen, welche Schritte Sie schon kennengelernt haben und mit welchem wir uns in dem jeweiligen Baustein beschäftigen. In diesem Baustein geht es wie beschrieben zunächst einmal um das Aufstellen klarer Regeln.

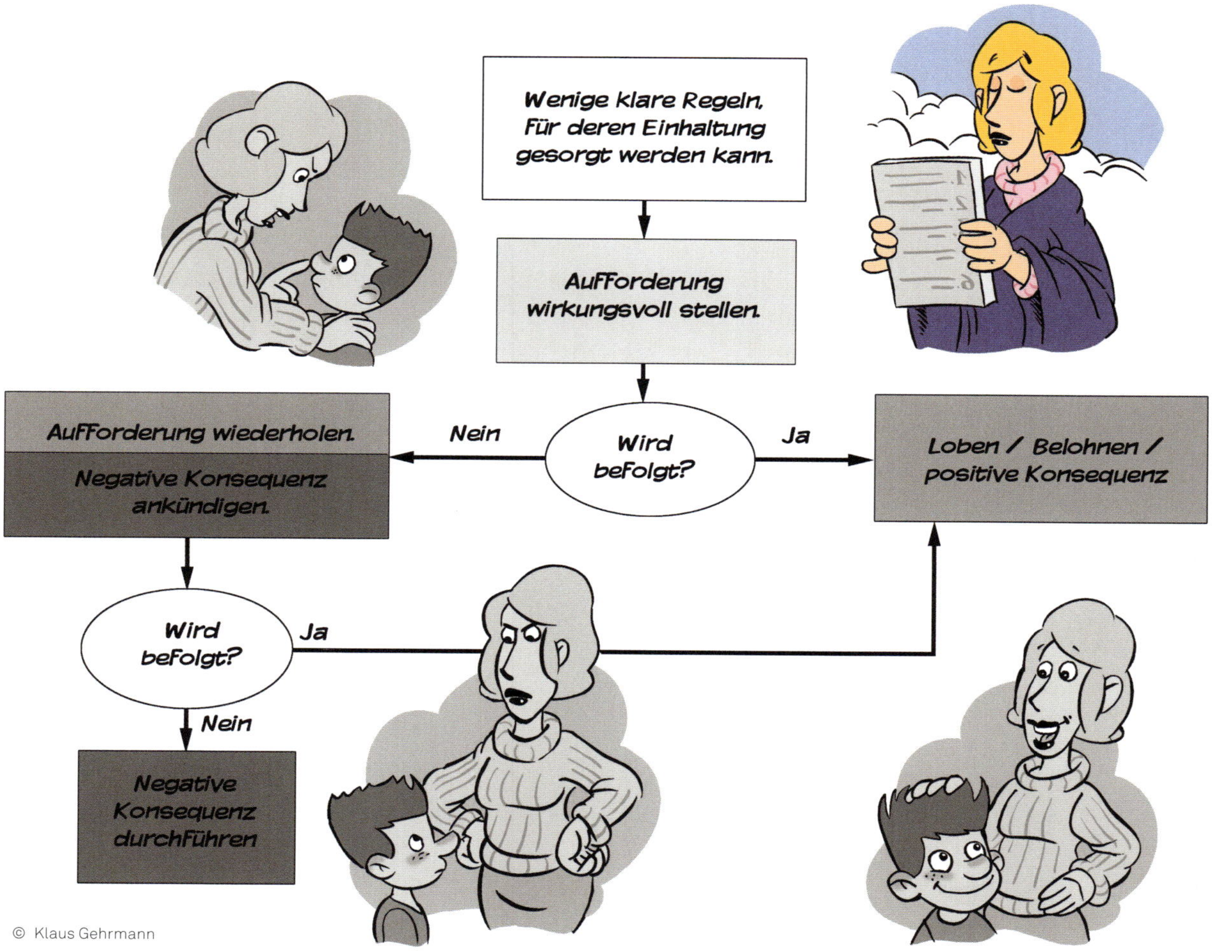

Wenige klare Regeln, für deren Einhaltung gesorgt werden kann.

Aufforderung wirkungsvoll stellen.

Wird befolgt?

Ja

Loben / Belohnen / positive Konsequenz

Nein

Aufforderung wiederholen.

Negative Konsequenz ankündigen.

Wird befolgt?

Ja

Nein

Negative Konsequenz durchführen

Das kann Ihnen helfen!

Teil 1: Familienregeln überdenken

Regeln und Grenzen in vernünftiger Weise zu setzen, ist bei der Erziehung sehr wichtig.
Regeln geben Kindern Halt und Sicherheit. Kinder genießen es, Freiheiten zu haben. Es ist allerdings sehr wichtig, dass diese Freiheit nicht grenzenlos ist, denn dann kann sie die Kinder überfordern und ihnen zu wenig Orientierung bieten, die sie zum Erwachsenwerden jedoch brauchen. In unserem (erwachsenen) Leben haben wir viele Freiheiten, müssen uns aber auch an viele Regeln und Grenzen halten. Für Kinder ist es eine wichtige Entwicklungsaufgabe, einerseits ihre Freiheiten zu nutzen, andererseits aber auch wichtige Regeln einzuhalten. Wenn Eltern ihren Kindern Grenzen setzen, bieten sie ihnen dabei gleichzeitig wichtige Orientierungshilfen, die ihren Freiraum (den alle Kinder brauchen) begrenzen. Klare Grenzen des eigenen Spielraums vermitteln den Kindern Sicherheit, Geborgenheit und auch Verlässlichkeit. Die Welt bekommt Strukturen und wird für die Kinder überschaubar und berechenbar! Insbesondere Kinder mit ADHS benötigen klare Regeln und Grenzen. Beispielsweise ist es im Zusammenleben mit einem Kind mit ADHS sehr günstig, dem Tag eine feste Struktur zu geben. Regelhafte, sich wiederholende Abläufe helfen den Kindern dabei, sich im Tag besser zurechtzufinden. Beispiele für solche Strukturen sind klare Aufstehzeiten, morgens die gleichen Abläufe beim Fertigmachen, feste, gemeinsame Essenszeiten, Hausaufgabenzeiten, Abendrituale beim Zubettgehen usw.

Für klare Regeln sorgen

? Welche festen Zeiten und Abläufe haben Sie bei sich zu Hause?

Auf der anderen Seite können Regeln und Grenzen auch einengen und Kindern „die Luft zum Atmen nehmen". Beachten Sie daher, dass Kinder neben klaren Regeln und Grenzen für ihre seelische Entwicklung auch Handlungsspielräume und Freiheiten benötigen! Ziel ist also nicht, Kindern alle Entscheidungsfreiräume zu nehmen und alle denkbaren Situationen komplett durchzustrukturieren. Für die Entfaltung der Kinder ist es in vielen Situationen ganz zentral, dass sie „Nein" sagen oder etwas ablehnen dürfen. Zudem kann es natürlich passieren, dass festgelegte Abläufe manchmal nicht eingehalten werden können – gerade dann ist es auch wichtig, Flexibilität zu bewahren. Das Ziel beim Setzen von Regeln und Grenzen besteht nicht darin, Kinder zu „willenlosen, stromlinienförmigen Ja-Sagern" zu erziehen. Es geht darum, dass sie lernen, sich an wichtige Regeln zu halten, die das Zusammenleben in der Familie und in der Gesellschaft erleichtern.

In diesem Baustein möchten wir Ihnen dabei helfen, wichtige Regeln in Ihrer Familie aufzustellen. Machen Sie sich zunächst einmal Gedanken über die Regeln, die Ihnen wirklich wichtig sind. Hinsichtlich dieser zentralen Regeln sollten die Eltern sich möglichst gemeinsam auf bestimmte Punkte einigen. Unterschiedliche Ansichten und Meinungen im alltäglichen Leben gehören dazu, aber in den Grundregeln sollten die Eltern wenn möglich eine Linie vertreten. Deshalb sollte dieser Teil idealerweise von beiden Elternteilen gemeinsam bearbeitet werden.

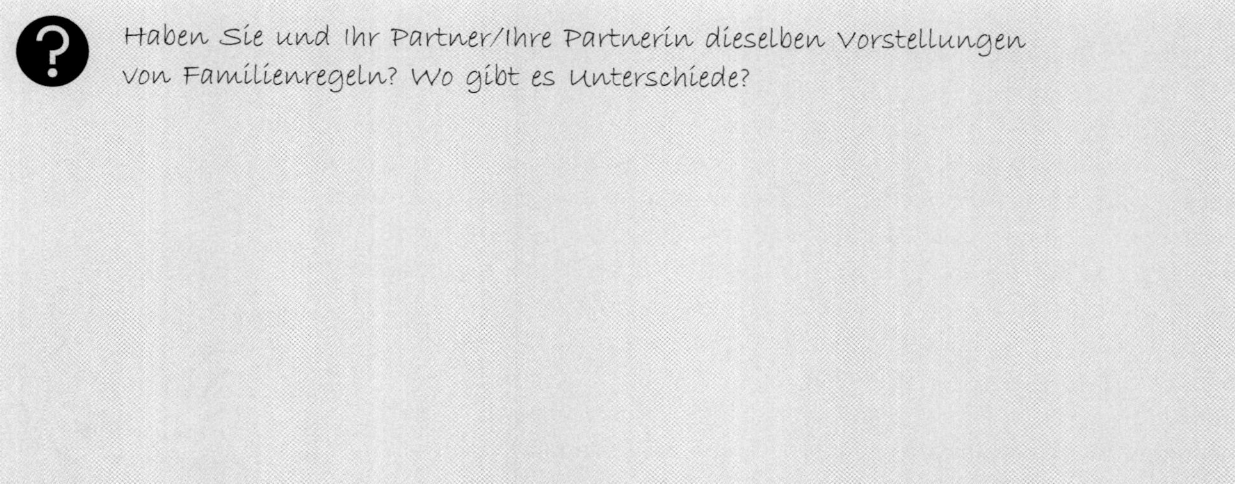

1. Unterscheiden Sie zwischen Regeln und Aufforderungen einerseits und Bitten andererseits.
Wenn Sie eine Regel aufstellen oder Ihrem Kind eine Aufforderung geben, kann Ihr Kind nicht frei entscheiden, ob es diese befolgt oder nicht. Wenn Ihr Kind sich nicht an eine Regel oder Aufforderung hält, sollten Sie eine Konsequenz folgen lassen (mit solchen Konsequenzen werden wir uns in Baustein 6 noch ausführlicher beschäftigen). Anders sieht es aus, wenn Sie eine Bitte an Ihr Kind richten. In diesem Fall darf es selbst entscheiden, ob es der Bitte nachkommt oder nicht, und Sie müssen seine Entscheidung akzeptieren. Daher ist es wichtig, dass Sie genau zwischen Regeln oder Aufforderungen einerseits und Bitten andererseits unterscheiden. Dieser und der nächste Baustein beschäftigen sich ausschließlich mit Regeln und Aufforderungen. Bitten Sie Ihr Kind aber auch immer wieder um einen Gefallen (z. B. helfen, die Einkäufe in die Küche zu tragen), bei dem es auch „nein“ sagen darf.

2. Erstellen Sie eine Liste der Regeln, die in letzter Zeit zu Auseinandersetzungen führten.
Nehmen Sie, wenn möglich gemeinsam mit Ihrem Partner/Ihrer Partnerin, die *Memokarte 3: Sorgen Sie für klare Regeln!* (siehe Abbildung 8) zur Hand, und notieren Sie auf der zweiten Seite die Ihrer Meinung nach wichtigsten Regeln, die von Ihrem Kind oder auch Ihren anderen Kindern oft nicht eingehalten werden oder die häufiger zu Meinungsverschiedenheiten zwischen Ihnen als Eltern führen. Beschreiben Sie die Regeln

Memokarte 3 | Baustein 4

Sorgen Sie für klare Regeln!

Teil 1: Familienregeln überdenken

1. Unterscheiden Sie zwischen Regeln und Aufforderungen einerseits und Bitten andererseits.
2. Erstellen Sie eine Liste der Regeln, die in letzter Zeit zu Auseinandersetzungen führten.
3. Überlegen Sie, für welche Familienmitglieder die einzelnen Regeln gelten.
4. Überlegen Sie, warum die einzelnen Regeln wichtig sind.
5. Können Sie für die Einhaltung der Regeln sorgen? Sind Sie bereit, Konsequenzen folgen zu lassen, wenn die Regeln nicht eingehalten werden?
6. Beschränken Sie sich auf wenige Familienregeln, die Ihnen wirklich wichtig sind.

Teil 2: Familienregeln einführen

1. Berufen Sie einen „Familienrat“ ein.
2. Gehen Sie mit Ihrer Familie die Familienregeln gemeinsam durch und erklären Sie Ihren Kindern, warum die Regeln wichtig sind.
3. Schreiben Sie die Familienregeln gemeinsam auf.

Bemerkungen:

Memokarte 3 | Baustein 4

Liste der Familienregeln

Familienregel	Für wen gilt die Regel?	Warum ist die Regel wichtig?	Kann ich dafür sorgen, dass die Regel eingehalten wird?	Konsequenzen	
				bei Einhaltung der Regel	bei Nicht-Einhaltung der Regel
30 Min. nach dem Mittagessen beginnt Lukas mit den Hausaufgaben.	Lukas	Der Schulstoff muss wiederholt oder vorbereitet werden. Um diese Zeit können die Eltern unterstützen.	meistens ja		
Wir unterbrechen einander nicht beim Telefonieren	alle	Manchmal müssen wichtige Dinge geklärt werden.	selten		

Abbildung 8:
Sorgen Sie für klare Regeln! (Memokarte 3)

dabei möglichst genau. Formulieren Sie die Regeln nach Möglichkeit positiv (z. B. „Alle stellen ihr Geschirr nach dem Essen in die Spülmaschine." statt „Die dreckigen Teller bleiben nicht auf dem Tisch stehen."). Achten Sie darauf, möglichst handlungsorientierte Aufforderungen zu formulieren, aus denen Ihr Kind genau erkennen kann, was von ihm verlangt wird (z. B. „Räum das Lego nach dem Spielen in die Kiste ein." statt „Das Zimmer soll nach dem Spielen ordentlich aussehen."). Schreiben Sie auch auf, ob die Regel nur zu einer bestimmten Zeit gilt (z. B. an bestimmten Wochentagen). Nehmen Sie sich für diese Aufgabe mindestens eine halbe Stunde in Ruhe Zeit. Es ist oft hilfreich, einen typischen Tagesablauf durchzugehen und sich zu fragen, bei welchen Regeln es in der Vergangenheit Schwierigkeiten bei der Umsetzung oder Auseinandersetzungen gab. Im Anschluss sollten Sie Regeln überprüfen, die generell gelten und die ebenfalls Schwierigkeiten bereiten. Sie können bei Ihren Überlegungen noch einmal das *Arbeitsblatt 3: Problemliste – Verhaltensprobleme meines Kindes in der Familie* aus dem ersten Baustein heranziehen und auch die folgenden Beispiele für Familienregeln, die häufig Schwierigkeiten bereiten, zu Hilfe nehmen. Die Beispiele sollen Ihnen dabei lediglich als Orientierung dienen. Natürlich kann es sein, dass für Ihre Familie vollkommen andere Regeln wichtig sind. Nur Sie selbst können entscheiden, welche Grenzen und Regeln für Ihr Kind und Ihre Familie sinnvoll sind.

Beispiele für Familienregeln, die häufig Schwierigkeiten bereiten

Morgens (für Schultage)
- Mein Kind soll morgens um 6:30 Uhr aufstehen (ich wecke es dazu rechtzeitig).
- Nach dem Aufstehen soll mein Kind direkt ins Badezimmer gehen und sich (ggf. mit meiner Unterstützung) waschen und anziehen.
- Spätestens um 7:15 Uhr sitzen wir alle am Frühstückstisch.
- Mein Kind soll pünktlich um 7:45 Uhr aus dem Haus gehen.

Mittags
- Mein Kind soll unmittelbar von der Schule nach Hause kommen.
- Mein Kind soll seine Jacke an die Garderobe hängen, die Schuhe wegräumen und seine Schultasche in sein Zimmer bringen.
- Mein Kind soll sich vor dem Essen die Hände waschen.
- Mein Kind soll mindestens 10 Minuten beim Essen sitzenbleiben, ohne zwischendurch aufzustehen.
- Während des Mittagessens bleibt das Smartphone im Kinderzimmer (oder an einem anderen festgelegten Platz).
- Mein Kind soll eine halbe Stunde nach dem Mittagessen mit den Hausaufgaben beginnen.

Abends (Uhrzeiten gelten, wenn am nächsten Tag Schule ist)
- Mein Kind soll abends spätestens um 19:00 Uhr zu Hause sein.
- Nach dem Abendessen soll mein Kind sich (ggf. mit meiner Hilfe) die Zähne putzen, sich waschen und den Schlafanzug anziehen. Dafür hat es bis 20:00 Uhr Zeit.
- Mein Kind soll spätestens um 20:30 Uhr das Licht ausmachen.

Allgemeine Regeln
- In unserer Familie gehen wir freundlich miteinander um, das heißt, wir schreien uns nicht an und beschimpfen uns nicht (gilt für Kinder und Eltern).
- In unserer Familie schlagen wir uns nicht.
- Mein Kind darf unter der Woche 1,5 Stunden am Tag verschiedene Medien nutzen (z. B. Fernseher, Spielekonsole, Computer). Am Wochenende darf es 3 Stunden mit Medienkonsum verbringen.
- Einmal in der Woche soll mein Kind sein Zimmer gründlich aufräumen (d. h. den Boden frei räumen, sodass gestaubsaugt werden kann, alle Spielzeuge in den zugehörigen Kisten verstauen, den Schreibtisch aufräumen).

Bei welchen Regeln gibt es in Ihrer Familie häufig Schwierigkeiten mit der Einhaltung?

3. Überlegen Sie, für welche Familienmitglieder die einzelnen Regeln gelten.
Bestimmte Regeln können für ein einzelnes Kind sehr wichtig sein, während andere Regeln für alle Kinder oder auch für die ganze Familie gelten können. Beispielsweise könnte es eine einzelne Regel zum Thema Hausaufgaben nur für Lukas geben (z.B. „Lukas beginnt mit den Hausaufgaben eine halbe Stunde nach dem Essen."), da nur Lukas Schwierigkeiten bei den Hausaufgaben hat und die Situation bei seinen Geschwistern auch ohne spezielle Regeln problemlos abläuft. Andere Regeln gelten zwar grundsätzlich für alle Kinder, aber in einer etwas unterschiedlichen Form. So muss Lukas um 20:00 Uhr zu Bett gehen, während sein älterer Bruder bis 21:00 Uhr aufbleiben darf. Wieder andere Regeln gelten dagegen für alle Kinder (z.B. zur verabredeten Zeit pünktlich zu Hause zu sein) oder sogar für alle Familienmitglieder in gleicher Weise (z.B. niemanden anschreien oder schlagen). Tragen Sie bitte jetzt in die entsprechende Spalte auf der zweiten Seite der Memokarte 3 ein, für wen die Regel gilt.

4. Überlegen Sie, warum die einzelnen Regeln wichtig sind.
Gehen Sie Ihre Liste von Familienregeln durch und versuchen Sie, für sich zu begründen, warum Ihnen diese Regeln wichtig sind. Beantworten Sie sich dabei folgende Fragen:
- Warum halten Sie diese Regel für sinnvoll und nötig?
- Was würde Negatives passieren, wenn Ihr Kind diese Regel nicht befolgt?
- Was wollen Sie durch die Regel erreichen?

Notieren Sie die Begründung zu jeder Familienregel bitte in der dafür vorgesehenen Spalte auf der zweiten Seite der Memokarte 3.

Beispiele für Regeln und ihre Begründungen	
Wir waschen uns vor dem Essen die Hände!	hygienische Gründe
Um Viertel vor acht gehst du morgens aus dem Haus!	Sonst ist es zu spät, um den Schulbus noch zu erreichen, und das Kind kommt zu spät zur Schule. Die Eltern müssen selbst morgens pünktlich zur Arbeit kommen und schaffen es nicht, das Kind vorher noch zur Schule zu fahren, weil es den Bus verpasst hat.
Eine halbe Stunde nach dem Mittagessen fängst du mit den Hausaufgaben an!	Später haben wir noch andere Aktivitäten vor, und es ist wichtig, dass die Hausaufgaben vorher erledigt sind. Nach dem Mittagessen haben die Eltern etwas Zeit, um bei den Hausaufgaben zu unterstützen.

Beispiele für Regeln und ihre Begründungen	
Um 20:30 Uhr machst du das Licht aus!	Die Kinder brauchen ab 20:30 Uhr ihren Schlaf und die Eltern wollen einen Teil des Abends noch für sich allein haben.
Einmal in der Woche räumst du dein Zimmer auf!	Es ist wichtig, Ordnung zu halten, damit man seine Sachen wiederfindet und sie nicht kaputtgehen, wenn man z.B. drauftritt, weil sie auf dem Boden liegen. Außerdem muss das Zimmer einmal die Woche so ordentlich sein, dass man staubsaugen und putzen kann.
Wir sind pünktlich!	Wir müssen uns aufeinander verlassen und unsere Zeit planen können. Wenn einer aus der Familie mehr als 15 Minuten später als vereinbart noch nicht da ist, machen wir uns Sorgen und denken, es ist etwas passiert.

5. Können Sie für die Einhaltung der Regeln sorgen? Sind Sie bereit, Konsequenzen folgen zu lassen, wenn die Regeln nicht eingehalten werden?

Eltern achten nach der Festlegung von Regeln oft nicht hinreichend darauf, dass diese auch eingehalten werden. Das Kind macht dadurch jedoch die Erfahrung, dass die Regeln den Eltern nicht so wichtig sind und daher auch nicht unbedingt befolgt werden müssen. Sie sollten daher nur Regeln aufstellen, wenn Sie bereit und in der Lage sind, sie auch umzusetzen. Überlegen Sie nun bei jeder Regel, die Sie in die Memokarte 3 aufgenommen haben, ob Sie dafür sorgen können und wollen, dass diese Regel auch wirklich beachtet wird, und tragen Sie Ihre Antwort in die entsprechende Spalte ein. Wenn Sie für einzelne Regeln nicht sicherstellen können, dass Sie auch auf deren Einhaltung achten, sollten Sie diese noch einmal überdenken oder sie zunächst zurückstellen. Konzentrieren Sie sich zunächst auf jene Regeln, deren Einhaltung Sie am besten gewährleisten können. Falls Sie bei einigen Regeln nicht wissen, wie Sie diese durchsetzen können oder welche sinnvollen Konsequenzen eine Regelverletzung nach sich ziehen kann, dann stellen Sie auch diese Regeln zunächst zurück. Wir werden in den Bausteinen 5 und 6 das Thema Konsequenzen ausführlich bearbeiten. Gerne können Sie diese beiden Bausteine aber auch schon einmal ansehen und sich Gedanken zu möglichen positiven und negativen Konsequenzen machen. Falls Sie sich dazu entscheiden, können Sie die Konsequenzen zu Ihren Regeln in den dafür vorgesehenen Spalten auf Ihrer Memokarte 3 eintragen.

Wie genau können Sie dafür sorgen, dass die einzelnen Regeln auch eingehalten werden?

6. Beschränken Sie sich auf wenige Familienregeln, die Ihnen wirklich wichtig sind.

Stellen Sie lieber wenige Regeln auf, die Sie für besonders wichtig halten und für deren Einhaltung Sie tatsächlich auch sorgen können. Zu viele Familienregeln können den Tagesablauf und die Freiheiten der einzelnen Familienmitglieder auch zu sehr einengen. Es sollte an dieser Stelle nicht das Ziel sein, dass Sie direkt alle Regeln einführen, die Sie an sich für wichtig halten. Wichtig ist, dass Ihr Kind anhand einzelner Regeln die Erfahrung macht, dass Sie für deren Einhaltung sorgen und dass es sich daher an Regeln halten muss. Unterstreichen Sie auf der Memokarte 3 die Regeln, die Ihnen besonders wichtig sind und auf die Sie sich zunächst konzentrieren wollen.

Wie Sie sicherlich bemerkt haben, gibt es keine generellen Regeln, die für alle Familien „richtig" und „gut" sind. Entsprechend gibt es auch kein generelles „zu hart" oder „zu weich". Das Ziel sollte sein, ein ausgeglichenes Verhältnis zwischen Regeln und Freiheiten zu schaffen. Dabei kann es günstig sein, auch manche „unnötige" Regel zu vermeiden, die Sie und Ihre Familie mehr einengt, als dass sie Ihnen nutzt. Wie wichtig ist es Ihnen beispielsweise, dass die Kinder am Wochenende vor dem Frühstück schon angezogen und gewaschen sind? Können sie nicht vielleicht auch einfach noch eine Weile im Schlafanzug bleiben? Muss wirklich zu jedem Zeitpunkt sauber mit Messer und Gabel gegessen werden? Diese Fragen kann nur jede Familie für sich beantworten. Versuchen Sie, hier Ihr eigenes Maß zu finden. Die unter Punkt 2 aufgeführten Beispiele geben nur einige Anhaltspunkte und Ideen. Nur Sie allein können entscheiden, welche Regeln für Sie richtig sind.

Wie viele und welche Familienregeln halten Sie für Ihre Familie für sinnvoll?

Teil 2: Familienregeln einführen

1. Berufen Sie einen „Familienrat" ein.
Planen Sie einen „Familienrat", bei dem Sie den Kindern in Ruhe erklären, warum bestimmte Regeln in einer Familie wichtig und sinnvoll sind. Alle Familienmitglieder sollten an diesem Rat teilnehmen, ausgenommen Kleinkinder.

Wann können Sie mit Ihrer Familie gut einen Familienrat abhalten?

2. Gehen Sie mit Ihrer Familie die Familienregeln gemeinsam durch und erklären Sie Ihren Kindern, warum die Regeln wichtig sind.

Gehen Sie im Familienrat die einzelnen Regeln durch und begründen Sie Ihre eigene Meinung. Diskutieren Sie gemeinsam über die Regeln: Lassen Sie die Kinder dazu Stellung nehmen und nehmen Sie die Meinung und mögliche Einwände Ihrer Kinder ernst. Falls Ihnen dies im Verlauf des Familienrats sinnvoll erscheint, können Sie einzelne Regeln auch verändern. Sie sollten am Ende jedoch die Regeln festlegen und Ihren Kindern deutlich machen, dass Ihnen die Einhaltung dieser Regeln wichtig ist. Die Kinder sollten verstehen, dass die Regeln akzeptiert werden müssen, auch wenn sie sie eventuell immer noch nicht als sinnvoll oder wichtig erleben. Grundsätzlich ist es für Kinder einfacher, Regeln zu akzeptieren, wenn es neben den Regeln für die Kinder auch Regeln für die Eltern gibt.

Verdeutlichen Sie den Kindern daher, an welche Familienregeln auch Sie als Eltern sich halten müssen. Besprechen Sie innerhalb des Familienrats auch Ausnahmen der Regeln (z. B. kann die Zeit, zu der die Kinder normalerweise zu Hause sein sollen, bei vorheriger Absprache und Besonderheiten verschoben werden). Erklären Sie Ihren Kindern dabei, dass es wichtig ist, dass Ausnahmen vorher besprochen und von allen Beteiligten akzeptiert werden.

© Klaus Gehrmann

Wenn Sie in einer festen Partnerschaft oder Ehe leben, ist es bei den aufgestellten Regeln wichtig, dass Sie und Ihr Partner/Ihre Partnerin sich über diese Regeln möglichst einig sind. Dies ist besonders bei Kindern mit ADHS sehr wichtig. Diskutieren Sie also vorher die Regeln mit Ihrem Partner/Ihrer Partnerin. Es ist weniger wichtig, auf welche Regeln Sie sich einigen, sondern vielmehr, dass Sie sich überhaupt einigen und dies auch in der Praxis umsetzen können.

Wann können Sie die Regeln mit Ihrem Partner/Ihrer Partnerin vorbesprechen?

3. Schreiben Sie die Familienregeln gemeinsam auf.

Notieren Sie die wichtigsten Familienregeln, die Sie im Familienrat besprochen haben, auf einem Blatt und hängen Sie dieses an einer gut sichtbaren Stelle in der Wohnung auf (z. B. in der Küche). Da die Kinder ein beschriebenes Blatt in der Regel nicht lesen, ist es sinnvoll, die Familienregeln auch mit Bildern darzustellen. So könnten Sie beispielsweise für Pünktlichkeit eine Uhr zeichnen oder für Händewaschen die Hände und einen Wasserhahn. So fällt es den Kindern leichter, sich an die Regel zu erinnern. Häufig macht es den Kindern auch Freude, ein solches Blatt gemeinsam mit Ihnen zu gestalten.

Wo können Sie in Ihrer Wohnung gut sichtbar ein Plakat mit Regeln anbringen?

Wenn Ihr Kind sich später einmal nicht an eine Regel hält, wird es Ihnen zumeist leichter fallen, in der konkreten Situation nicht in eine Grundsatzdiskussion über diese Regel zu verfallen, wenn Sie sie im Familienrat gut besprochen und begründet haben. Sie können aber den Familienrat von Zeit zu Zeit wiederholen, die Regeln prinzipiell noch einmal überprüfen und besprechen, wie die Situationen mit den Regeln bisher gelaufen sind. Denken Sie daran, die Kinder bei den Regeln zu loben, die sie (meist oder besser als früher) eingehalten haben.

Ihre ausgefüllte Memokarte 3 können Sie, wenn Sie möchten, tagsüber so aufbewahren, dass Sie ab und zu einen Blick darauf werfen können, um sich daran zu erinnern, bei welcher Regel Sie auf die Einhaltung achten wollten (z. B. im Küchenregal).

Wir wünschen Ihnen viel Erfolg und Kraft bei der Umsetzung der von uns vorgeschlagenen Handlungsschritte. Bleiben Sie am Ball, auch wenn nicht alles direkt gut gelingt!

Memokarte 3 Baustein 4

Sorgen Sie für klare Regeln!

Teil 1: Familienregeln überdenken

1. Unterscheiden Sie zwischen Regeln und Aufforderungen einerseits und Bitten andererseits.
2. Erstellen Sie eine Liste der Regeln, die in letzter Zeit zu Auseinandersetzungen führten.
3. Überlegen Sie, für welche Familienmitglieder die einzelnen Regeln gelten.
4. Überlegen Sie, warum die einzelnen Regeln wichtig sind.
5. Können Sie für die Einhaltung der Regeln sorgen? Sind Sie bereit, Konsequenzen folgen zu lassen, wenn die Regeln nicht eingehalten werden?
6. Beschränken Sie sich auf wenige Familienregeln, die Ihnen wirklich wichtig sind.

Teil 2: Familienregeln einführen

1. Berufen Sie einen „Familienrat“ ein.
2. Gehen Sie mit Ihrer Familie die Familienregeln gemeinsam durch und erklären Sie Ihren Kindern, warum die Regeln wichtig sind.
3. Schreiben Sie die Familienregeln gemeinsam auf.

Bemerkungen:

Memokarte 3

Baustein 4

Liste der Familienregeln

Familienregel	Für wen gilt die Regel?	Warum ist die Regel wichtig?	Kann ich dafür sorgen, dass die Regel eingehalten wird?	Konsequenzen	
				bei Einhaltung der Regel	bei Nicht-Einhaltung der Regel

Baustein 5

Geben Sie wirkungsvolle Aufforderungen und sparen Sie nicht mit Lob

Materialien zum Baustein 5
Memokarte 4: Wirkungsvoll auffordern und loben!

→ Sie finden die Materialien am Ende des Bausteins (s. Seite 103) und als PDF-Download (s. Seite 168).

Kennen Sie das?

© Klaus Gehrmann

Oft hat Lukas' Mutter das Gefühl, dass sie nur noch damit beschäftigt ist, Aufforderungen an Lukas zu stellen, an die er sich dann ohnehin nicht hält. So rennt Lukas etwa oft in sein Zimmer, während sie noch in der Küche beschäftigt ist, und sie schafft es nur noch, ihm hinterherzuschreien: „Jetzt liegt schon wieder deine Jacke im Flur! Tausendmal habe ich dir schon gesagt, dass die an die Garderobe gehört, man kann hier ja nirgends mehr vernünftig lang laufen!" Manchmal ruft Lukas noch, dass er sich gleich darum kümmert, aber dann bleibt er doch meistens einfach in seinem Zimmer und spielt weiter. Und seine Mutter wird wütend. Manchmal kommt Lukas dann auch maulend aus seinem Zimmer und räumt die Jacke doch weg, aber auch dann ist niemand wirklich zufrieden.

Haben Sie schon einmal darauf geachtet, wie Sie Ihrem Kind Aufforderungen geben?

Hält sich Lukas endlich einmal an die Regeln oder Aufforderungen seiner Mutter, ist sie oft ganz fertig vom ewigen „Lukas hier, Lukas da!" und lässt sich nur noch erschöpft in den Sessel fallen. Oder sie muss schnell etwas Wichtiges erledigen, das sie bis dahin einfach noch nicht geschafft hat: das Abendessen vorbereiten, die Wäsche waschen und bügeln, die Fenster putzen und so weiter. Es gelingt ihr dann einfach nicht, speziell auf Lukas zu schauen, und sie beachtet ihn dann oft nicht weiter. Lukas bekommt dadurch aber den Eindruck, dass sich die Mutter eigentlich nur um ihn kümmert, wenn er nicht macht, was sie sagt. Hält er sich an die Regeln, scheint es irgendwie egal zu sein, denn dann kümmert sich kein Mensch um ihn!

Platz für Ihre Bemerkungen/Fragen:

Was wollen wir in diesem Baustein erreichen?

Liebe Eltern!

Im letzten Baustein haben wir Ihnen gezeigt, wie wichtig es ist, dass Sie zu Hause feste Familienregeln aufstellen. Doch nicht nur das Aufstellen von Regeln ist bedeutsam. Damit Regeln wirken können, muss das Kind im Alltag durch Aufforderungen daran erinnert werden. Häufig besteht das Problem jedoch in der Art, *wie* Eltern die Aufforderungen stellen. Oft stellen sie die Aufforderung einfach „in den Raum hinein" oder rufen, wie Lukas' Mutter, ihrem Kind die Aufforderung hinterher. Vielfach wiederholen Eltern diese Aufforderungen dann so lange, bis sie entweder entnervt aufgeben und „nachgeben" oder sehr wütend werden. Im ersten Baustein hatten wir Ihnen den Teufelskreis vorgestellt, in dem auch diese „Falle" erläutert wird.

In der Regel halten sich Kinder schon dann eher an Aufforderungen, wenn die Eltern einige Punkte hinsichtlich der Art und Weise beachten, in der sie Aufforderungen und Regeln aussprechen. In diesem Baustein werden Sie daher lernen, auf das Stellen wirkungsvoller Aufforderungen zu achten. Dies ist ein weiterer wichtiger Schritt beim Ausbruch aus dem Teufelskreis.

Zudem wollen wir Ihnen in diesem Baustein zeigen, wie Sie Ihr Kind loben oder ihm eine andere positive Konsequenz geben können, wenn es eine Aufforderung befolgt oder eine Regel einhält. Erst durch dieses Lob bzw. diese positiven Konsequenzen wird sich das Verhalten Ihres Kindes langfristig verändern und Ihr Kind wird lernen, sich an Aufforderungen und Regeln zu halten. Das ist keine ganz einfache Aufgabe, da viele Eltern durch die häufigen Probleme oft genervt sind und den Eindruck haben, nur Selbstverständliches von ihrem Kind zu verlangen. Außerdem finden viele Eltern auch nicht die Zeit, sich noch einmal ihrem Kind zuzuwenden, weil sie schließlich auch noch anderes zu erledigen haben. So ist das auch bei der Mutter von Lukas, die beispielsweise endlich das Abendessen vorbereiten kann, wenn Lukas mal das macht, was sie ihm sagt.

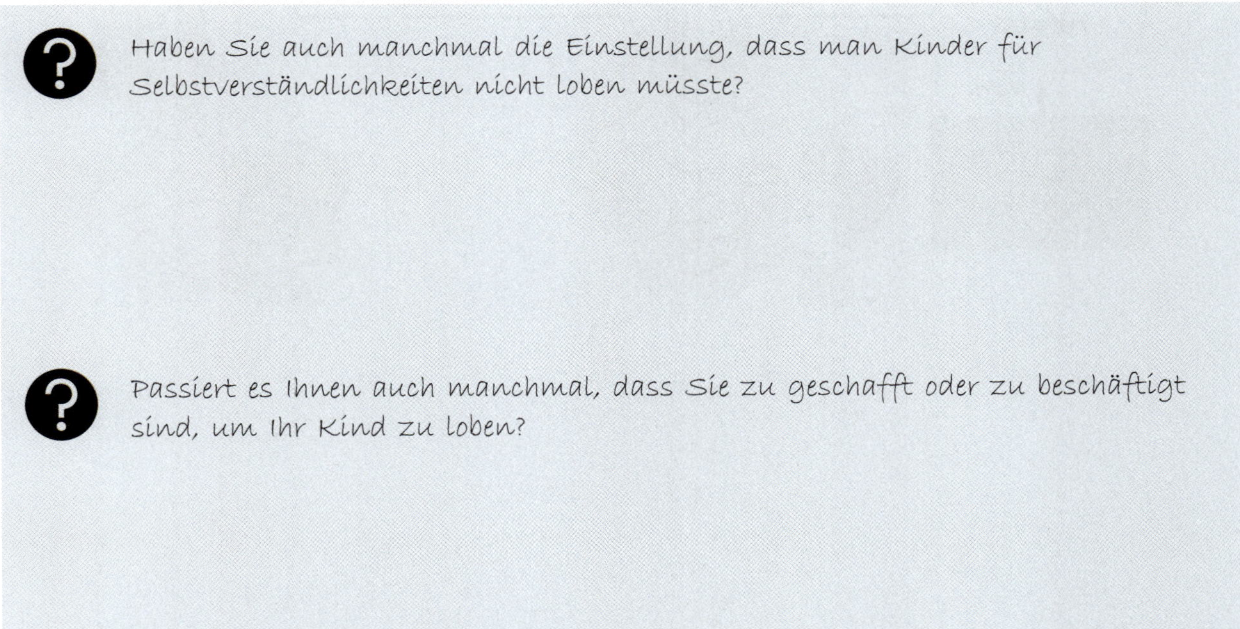

Selbst, wenn Sie Ihr Kind konsequent loben, wird es sich natürlich nicht immer an alle Regeln und Aufforderungen halten. Aber Sie machen Ihrem Kind so deutlich, dass Sie sich freuen, und dies erhöht die Wahrscheinlichkeit, dass es sich öfter so verhält, wie Sie es sich wünschen und mit ihm besprochen haben.

Die folgende Abbildung verdeutlicht noch einmal die Schritte, um aus dem Teufelskreis auszubrechen. Im letzten Baustein ging es um „Regeln aufstellen“. Im jetzigen Baustein kommen die folgenden beiden neuen Schritte dazu:

- das Stellen wirkungsvoller Aufforderungen sowie
- das Loben und Geben anderer positiver Konsequenzen, wenn Ihr Kind sich erwünscht verhält.

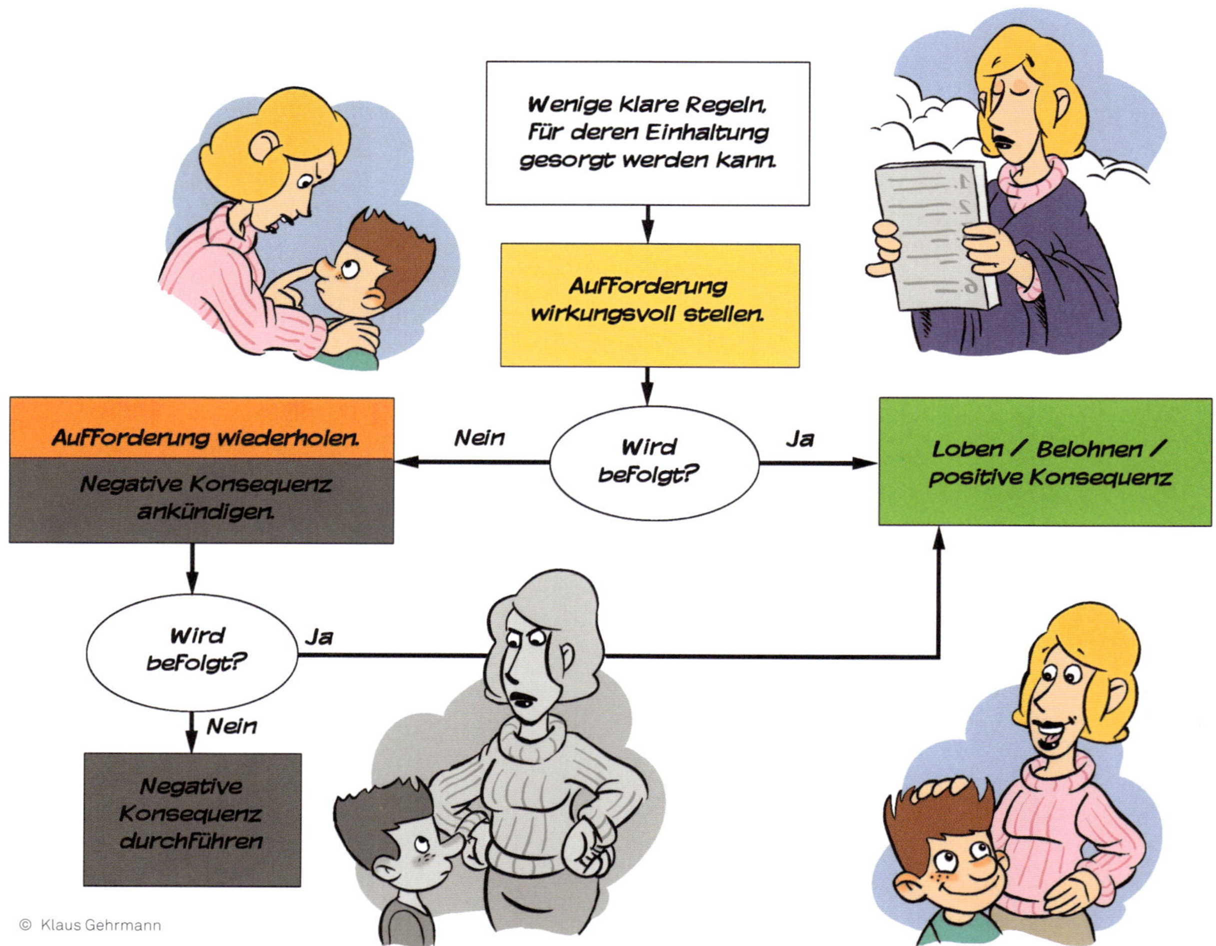

Das kann Ihnen helfen!

© Klaus Gehrmann

Geben Sie wirkungsvolle Aufforderungen und sparen Sie nicht mit Lob!

Im Folgenden werden wir Ihnen einige Hinweise geben, die Ihnen helfen können, Ihrem Kind Aufforderungen so zu geben, dass es diese mit höherer Wahrscheinlichkeit auch befolgt, und mit einem Lob oder einer positiven Konsequenz auf das Befolgen einer Aufforderung zu reagieren.

Bei der Umsetzung dieser Hinweise kann Ihnen die *Memokarte 4: Wirkungsvoll auffordern und loben!* (siehe Abbildung 9) als Gedächtnisstütze dienen.

Memokarte 4 **Baustein 5**

Wirkungsvoll auffordern und loben!

1. Stellen Sie nur dann Aufforderungen, wenn Sie bereit sind, sie auch durchzusetzen.
2. Sorgen Sie dafür, dass Ihr Kind aufmerksam ist, wenn Sie die Aufforderung geben.
3. Äußern Sie die Aufforderung eindeutig und nicht als Bitte.
4. Geben Sie immer nur eine Aufforderung.
5. Bleiben Sie bei Ihrem Kind und überprüfen Sie, ob es der Aufforderung nachkommt.
6. Loben Sie Ihr Kind oder setzen Sie eine andere positive Konsequenz, sobald es eine Aufforderung befolgt.
7. Besprechen Sie abends zusammen mit Ihrem Kind noch einmal, welche Aufforderungen und Regeln es tagsüber befolgt hat.
8. Loben Sie Ihr Kind ganz besonders, wenn es eine Aufgabe erfüllt hat, ohne dass Sie es direkt darum gebeten haben.
9. Konzentrieren Sie sich zunächst nur auf wenige Familienregeln oder Aufforderungen:

Aufforderung/Regel	Lob/Positive Konsequenz
1. Fang jetzt mit den Hausaufgaben an!	Lob, kurze gemeinsame Beschäftigung danach
2. Ich muss jetzt für 10 Min. telefonieren. Bitte unterbrich mich in der Zeit nicht und beschäftige dich mit deinem Lego.	Lob und gemeinsames Lego-Spiel nach dem Tefefonat
3.	
4.	

Memokarte 4 **Baustein 5**

Wirkungsvoll auffordern und loben! (Protokoll)

Datum	Aufforderung Nummer*	Wurde die Aufforderung wirkungsvoll gestellt?	Was hat Ihr Kind gemacht?	Was haben Sie dann gemacht?
17.04.	1	ja	erst etwas diskutiert, hat dann aber begonnen	habe ihn gelobt
19.04.	2	ja	hat mich nicht unterbrochen	ich war mit etwas anderem beschäftigt und habe das Lob vergessen
20.04.	2	ja	hat mich nur 1x kurz unterbrochen	habe ihn gelobt und wir haben gemeinsam etwas gespielt

* Nummer der Aufforderung von der ersten Seite der Memokarte 4 eintragen.

Abbildung 9: *Wirkungsvoll auffordern und loben!* (Memokarte 4)

Auf der ersten Seite dieser Memokarte finden Sie eine Übersicht über die im Folgenden genannten Schritte; die zweite Seite ist zur Protokollierung Ihrer persönlichen Erfahrungen mit der Erprobung dieser Schritte vorgesehen.

1. Stellen Sie nur dann Aufforderungen, wenn Sie bereit sind, sie auch durchzusetzen.
Ein häufiges Problem besteht darin, dass Eltern ihren Kindern viel zu viele Aufforderungen stellen und gleichzeitig nicht dafür sorgen, dass sie auch eingehalten werden. Für die Kinder entsteht dann der Eindruck, dass Aufforderungen nicht ernst zu nehmen sind. Stellen Sie daher nur Aufforderungen, wenn Sie sicher sind, dass Sie wirklich wollen, was Sie von Ihrem Kind fordern, und auch nur, wenn Sie bereit und in der Lage sind, Ihre Forderung auch durchzusetzen. Überlegen Sie sich schon im Vorhinein, was Sie tun werden, wenn Ihr Kind Ihre Aufforderung nicht befolgt. Dies ist besonders wichtig bei Aufforderungen, denen Ihr Kind häufig nicht nachkommt. Auf diesen Punkt werden wir ausführlich auch im nächsten Baustein eingehen. Sollten Sie in einer konkreten Situation nicht bereit oder in der Lage sein, für die Umsetzung der Aufforderung zu sorgen, sollten Sie diese Aufforderung in diesem Moment besser nicht stellen. Sie könnten dann aber auch statt einer Aufforderung eine Bitte stellen, bei der Ihr Kind die Möglichkeit hat, zu entscheiden, ob es sie freiwillig erfüllen möchte oder eben auch nicht. Warum ist es besser, die Aufforderung dann erst gar nicht zu stellen? Der Lerneffekt für das Kind ist günstiger. Denn wenn Sie die Aufforderung trotzdem stellen, das Kind der Aufforderung aber nicht nachzukommen braucht, lernt das Kind nur, dass die Aufforderungen eigentlich nicht ernst zu nehmen sind. Wird die Aufforderung aber gar nicht erst gestellt, macht es diese Lernerfahrung nicht.

Welche Aufforderungen/Regeln sind Ihnen wirklich wichtig? Bei welchen Aufforderungen sind Sie bereit, die Forderungen auch durchzusetzen?

2. Sorgen Sie dafür, dass Ihr Kind aufmerksam ist, wenn Sie die Aufforderung geben.
Eine wichtige Grundvoraussetzung dafür, dass Ihr Kind eine Aufforderung befolgen kann, ist, dass es aufmerksam ist, wenn Sie die Aufforderung stellen, d. h., dass es die Aufforderung mitbekommt und auch versteht. Um dies sicherzustellen, können Sie einige Punkte beachten. Gehen Sie zu Ihrem Kind, statt ihm die Aufforderung nur von Weitem zuzurufen, begeben Sie sich ggf. auf seine Höhe herunter und stellen Sie Blickkontakt her. Manchmal kann es auch günstig sein, Ihren Arm auf seine Schultern zu legen. Falls notwendig, drehen Sie sein Gesicht ruhig dem Ihren zu. So können Sie sicherstellen, dass es Ihre Aufforderung hört. Wenn Sie Ihrem Kind Ihre Aufforderung nur von Weitem zurufen, können Sie sich nicht sicher sein, dass es aufmerksam ist und Ihre Aufforderung auch als solche wahrnimmt. Durch die Beachtung der genannten Punkte erleichtern Sie es Ihrem Kind also, Ihre Aufforderung mitzubekommen und sie anschließend auch zu befolgen. Zudem verdeutlichen Sie ihm mit Ihrer direkten Ansprache auch, dass es Ihnen wirklich wichtig ist, dass es sich an die Aufforderung hält.

Wie können Sie dafür sorgen, dass Ihr Kind wirklich aufmerksam ist?

3. Äußern Sie die Aufforderung eindeutig und nicht als Bitte.
Durch die Art, wie Sie Ihre Aufforderung stellen, sollte Ihr Kind klar erkennen können, dass es nicht frei entscheiden kann, ob es der Aufforderung nachkommt oder nicht, sondern dass Sie wirklich wollen, was Sie von ihm fordern. Um dies zu erreichen, sprechen Sie die Aufforderung einfach und in einem neutralen Ton aus. Durch Ihre Stimme sollte Ihrem Kind klar werden, dass Ihnen die Aufforderung wichtig ist. Achten Sie aber darauf, keinen strafenden oder zu strengen Ton anzuschlagen. Beim Stellen der Aufforderung kommt es nicht darauf an, ob Sie das Wort „bitte" verwenden, ein angemessener Tonfall ist das Entscheidende.

4. Geben Sie immer nur eine Aufforderung.
Den meisten Kindern gelingt es nur, sich eine oder höchstens zwei Aufforderungen auf einmal zu merken und diese anschließend auch zu befolgen. Unterteilen Sie daher umfangreichere Aufgaben, z. B. das Aufräumen des Zimmers, in kleinere Schritte, die Ihr Kind nacheinander erledigen kann. Bei jüngeren Kindern ist dies umso wichtiger. Mit solchen einfachen Aufforderungen geben Sie Ihrem Kind eine größere Chance, den Aufforderungen nachzukommen und sich damit erwünscht zu verhalten. Achten Sie daher darauf, anfangs kleine, leichte und schnell zu erfüllende Aufforderungen zu stellen. Gerade bei jüngeren oder sehr aufmerksamkeitsschwachen Kindern kann es auch Sinn machen, sich die Aufforderung von Ihrem Kind wiederholen zu lassen. Auf diese Weise stellen Sie sicher, dass Ihr Kind Ihre Aufforderung wirklich gehört und verstanden hat. Zudem können Sie so noch einmal betonen, wie wichtig Ihnen die Umsetzung der Aufforderung ist.

Formulieren Sie einmal für jede Ihrer im Baustein 4 aufgestellten Regeln eine passende Aufforderung.

Familienregel	Beispiel für eine passende Aufforderung
Mein Kind soll bis 7:30 Uhr gewaschen und angezogen sein.	„Geh ins Bad und wasch dich!" „Du hast noch 5 Minuten, um dich fertig anzuziehen!"
Mein Kind soll eine halbe Stunde nach dem Mittagessen mit den Hausaufgaben beginnen.	„Jetzt ist es 15:00 Uhr, fang mit deinen Hausaufgaben an!"
Meine Kinder sollen sich nicht schlagen.	„Bei der Autofahrt bleibt jeder an seinem Platz und ihr vertragt euch!"

Formulieren Sie für jede Ihrer Familienregeln eine passende Aufforderung.

Familienregel	Aufforderung

5. Bleiben Sie bei Ihrem Kind und überprüfen Sie, ob es der Aufforderung nachkommt.

Ein häufiges Problem ist, dass Eltern zwar gut darauf achten, dass ihr Kind ihre Aufforderung aufmerksam wahrnimmt, diese nicht zu schwierig und angemessen formuliert ist, dann aber in der konkreten Situation nicht überprüfen, ob ihr Kind die Aufforderung tatsächlich auch erfüllt. Sie sollten daher nach dem Stellen der Aufforderung in unmittelbarer Nähe Ihres Kindes bleiben, um sicherzustellen, dass es die Aufforderung befolgt. Kommt Ihr Kind nach kurzer Zeit der Aufforderung nicht nach, wiederholen Sie die Aufforderung noch einmal eindringlicher. Versuchen Sie jedoch, bei dieser Wiederholung der Aufforderung nicht genervt oder ärgerlich zu klingen. Wenn Sie eine solche zweite Aufforderung stellen, lassen Sie diese von Ihrem Kind auf jeden Fall noch einmal wiederholen.

6. Loben Sie Ihr Kind oder setzen Sie eine andere positive Konsequenz, sobald es eine Aufforderung befolgt.

Ein besonders wichtiger Punkt bei der Einhaltung von Regeln und Aufforderungen ist das Lob und das Setzen anderer positiver Konsequenzen. Indem Sie Aufforderungen wirkungsvoll stellen, schaffen Sie eine bedeutende Grundlage dafür, dass Ihr Kind sich erwünscht verhalten kann. Für langfristige Veränderungen im Verhalten Ihres Kindes ist es aber zudem wichtig, dass Sie Ihrem Kind kontinuierlich zeigen, dass Sie sich freuen, wenn es Ihre Aufforderungen befolgt. Dafür müssen Sie das erwünschte Verhalten entsprechend beachten. Sicherlich ist dies gerade bei einem Kind mit ADHS keine einfache Aufgabe. Denn Sie als Eltern müssen sehr viel Zeit und Energie für die Erziehung aufbringen. Entsprechend verständlich ist es, dass Sie ganz erleichtert sind und die Zeit nutzen, wenn Ihr Kind – vielleicht nach vielen Ermahnungen – endlich einer Aufforderung nachkommt, und sich mit etwas anderem beschäftigen, zu dem Sie bislang nicht gekommen sind. Auch der Mutter von Lukas aus unserem Beispiel geht es so. Manchmal sagt sie in einer solchen Situation zu Lukas fast ärgerlich: „Warum denn nicht gleich so?" Durch so einen Kommentar fühlt sich Lukas aber eher noch kritisiert als ermuntert! Kinder machen dann die Erfahrung, dass es sich nicht „lohnt", das zu tun, was die Eltern sagen.

Fällt bei Ihnen das Lob auch manchmal unter den Tisch, wenn Ihr Kind einer Aufforderung nachkommt?

Wenn Ihr Kind eine Aufforderung befolgt, dann ist es wichtig, dass Sie ihm *sofort* eine positive Rückmeldung geben. Bleiben Sie also bei Ihrem Kind, nachdem Sie ihm eine Aufforderung gegeben haben, und loben Sie Ihr Kind, wenn es beginnt, Ihre Anweisungen zu erfüllen. Manche Eltern sind der Ansicht, dass sie eigentlich nur Selbstverständliches von ihrem Kind erwarten und ein Lob entsprechend nicht angebracht oder sinnvoll ist. Nach unserer Meinung ist es jedoch richtig und wichtig, ein erwünschtes Verhalten immer dann zu loben, wenn man das Kind auch kritisieren oder tadeln würde, wenn es in der gleichen Situation der Aufforderung nicht nachkommt. Dabei ist eine sehr kurze Rückmeldung ausreichend. Auch in vielen Untersuchungen zur Wirkung von Erziehung hat sich ein solches Vorgehen als günstig erwiesen. Dabei müssen Sie Ihr Kind nicht jedes Mal überschwänglich oder „über den grünen Klee loben", wenn es das tut, was Sie sagen. Zeigen Sie ihm aber kontinuierlich, dass Sie sich darüber freuen! Solche kurzen positiven Rückmeldungen helfen Ihnen auch, nicht in den Teufelskreis zu geraten, mit Ihrem Kind nur noch mahnend und schimpfend umzugehen und ihm kaum noch etwas Positives zu sagen.

Sie können Ihr Kind mit Worten, aber auch durch Ihr Verhalten loben.

Beispiele für ein kurzes Lob

- Sie klopfen Ihrem Kind auf die Schulter.
- Sie streichen Ihrem Kind über die Haare.
- Sie lächeln Ihr Kind an und nicken ihm zu.
- Sie sagen einfach: „Danke."
- Sie sagen: „Es ist schön, wenn du tust, was ich dir sage."
- „Ich freue mich, wenn du das so schön machst."
- „Das klappt ja super!"
- Sie zeigen dem Kind wie ein Sporttrainer einen „Daumen hoch!"

Sie können Ihrem Kind auch direkt eine Belohnung oder eine Vergünstigung als positive Konsequenz geben. Wie das Lob sollten auch diese anderen positiven Konsequenzen unmittelbar auf das erwünschte Verhalten erfolgen oder zumindest direkt angekündigt werden. Es ist günstig, wenn diese Konsequenzen, falls möglich, im Zusammenhang mit dem erwünschten Verhalten Ihres Kindes stehen.

Beispiele für andere positive Konsequenzen

- Sie lesen Ihrem Kind eine Extra-Geschichte vor, wenn es abends bis zu einer bestimmten Zeit die Zähne geputzt und sich umgezogen hat.
- Sie spielen ein kurzes Spiel mit Ihrem Kind, wenn es seine Hausaufgaben geschafft hat.
- Ihr Kind bekommt einen Nachtisch, nachdem es beim Essen die Schwester nicht geärgert hat.
- Sie spielen kurz mit Ihrem Kind, wenn es Sie zuvor bei einer Beschäftigung (z.B. bei einem wichtigen Telefonat) nicht gestört hat.
- Ihr Kind darf am Wochenende länger aufbleiben, wenn unter der Woche das Licht abends pünktlich ausgemacht wird.
- Ihr Kind darf sich an der Supermarktkasse einen Schokoriegel aussuchen, wenn es sich während des Einkaufens an die vereinbarten Regeln gehalten hat.

Über welche Art und Weise der Anerkennung würde sich Ihr Kind freuen? Welche Art positiver Rückmeldungen und Vergünstigungen könnten Sie sich vorstellen? Denken Sie einmal darüber nach und geben Sie Ihrem Kind dieses Lob und diese Anerkennung. Nehmen Sie die *Memokarte 3: Sorgen Sie für klare Regeln!* aus Baustein 4 zur Hand und notieren Sie für jede einzelne Regel in der Spalte „Konsequenzen bei Einhaltung der Regel", wie Sie Ihrem Kind zeigen können, dass Sie sich freuen, wenn es sich an die jeweilige Regel/Aufforderung hält, oder überdenken Sie bereits eingetragene Konsequenzen.

Welche Art von Lob oder anderen positiven Konsequenzen können Sie sich bei Ihnen und Ihrem Kind vorstellen?

7. Besprechen Sie abends zusammen mit Ihrem Kind noch einmal, welche Aufforderungen und Regeln es tagsüber befolgt hat.

Besprechen Sie abends (oder auch zu einem anderen Zeitpunkt, z.B. während der Mitteilung aller positiven Dinge, siehe Baustein 3) zusammen mit Ihrem Kind noch einmal besonders, welche Regeln und Aufforderungen es tagsüber gut befolgen konnte. Damit verdeutlichen Sie ihm noch einmal, wie sehr Sie es schätzen und wie sehr Sie sich freuen, wenn es Ihren Aufforderungen und Regeln nachkommen kann. Sie können das beispielsweise beim Abendessen machen oder wenn Sie Ihr Kind ins Bett bringen. Dabei ist es günstig, wenn auch Ihr Partner/Ihre Partnerin in das Gespräch einbezogen werden kann. Sie sollten auch hier wieder hauptsächlich rückmelden, was gelungen ist. Sollten Aufforderungen und Regeln zur Sprache kommen, an die Ihr Kind sich nicht halten konnte, ermuntern Sie es, beim nächsten Mal auch auf diese zu achten.

Können Sie sich vorstellen, diese kleine Besprechung in Ihren Alltag einzuführen? Wann könnte diese bei Ihnen stattfinden?

8. Loben Sie Ihr Kind ganz besonders, wenn es eine Aufgabe erfüllt hat, ohne dass Sie es direkt darum gebeten haben.

Sollte Ihr Kind einmal eine Aufgabe ohne Aufforderung von sich aus freiwillig ausführen, hat es sich hier natürlich ein *Extra-Lob* verdient. Neben einer Verbesserung der Beziehung zu Ihrem Kind und der Stimmung in der Familie können solche positiven Rückmeldungen dazu beitragen, dass Ihr Kind zu Hause auch einmal eine Aufgabe übernimmt, ohne dass Sie es ausdrücklich dazu auffordern. Wenn Sie den Eindruck haben, dass Ihr Kind fast immer mit „nein“ auf Ihre Aufforderungen und Bitten reagiert, ist dieser Punkt besonders wichtig.

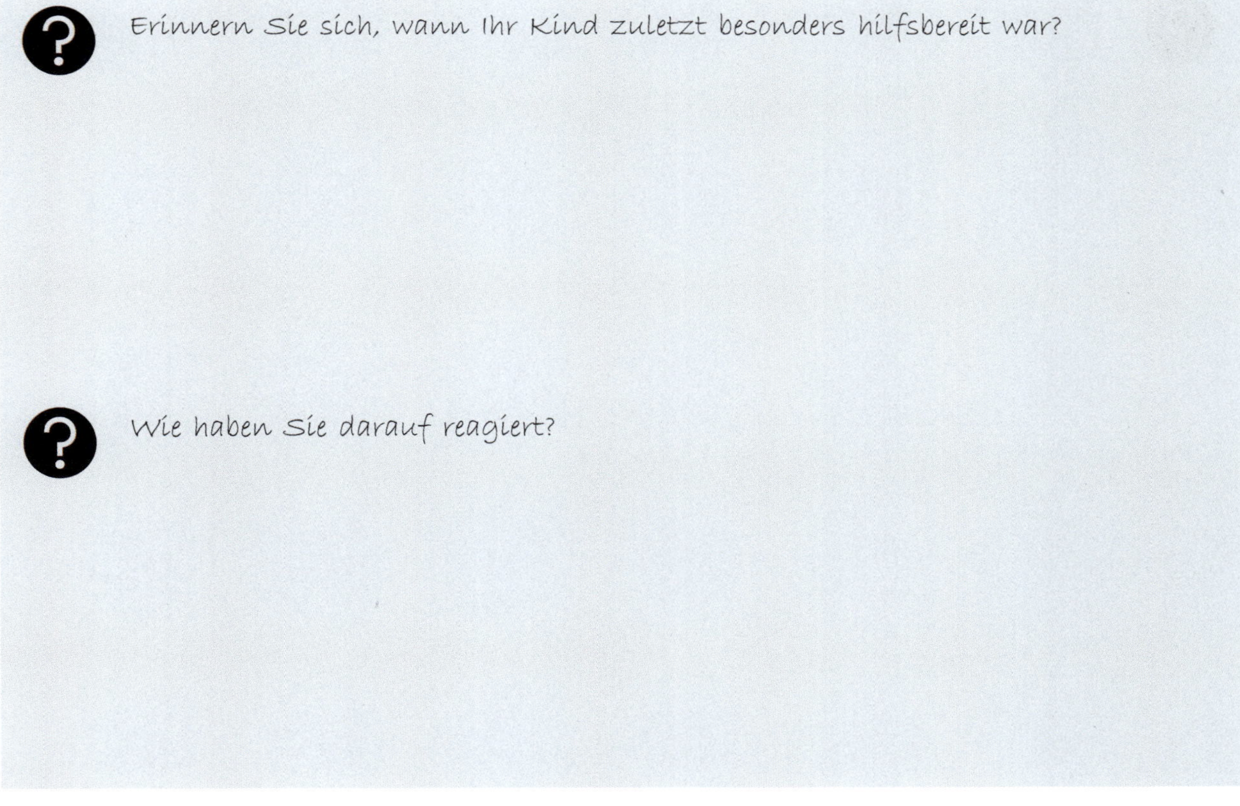

Erinnern Sie sich, wann Ihr Kind zuletzt besonders hilfsbereit war?

Wie haben Sie darauf reagiert?

9. Konzentrieren Sie sich zunächst nur auf wenige Familienregeln oder Aufforderungen.
Eingeschliffene Gewohnheiten zu verändern, fällt besonders schwer. Konzentrieren Sie sich deshalb auf ein paar Aufforderungen, an denen Sie das Gelernte anwenden wollen. Richten Sie eventuell bewusst „Übungszeiten“ ein. Stellen Sie vor allem kleine, leicht zu erfüllende Aufforderungen, sodass Sie selbst und Ihr Kind die Erfahrung machen, dass Ihr Kind auf Sie „hört“.

Suchen Sie drei oder vier Aufforderungen aus, die Ihr Kind häufig nicht beachtet, und schreiben Sie diese auf die erste Seite Ihrer *Memokarte 4: Wirkungsvoll auffordern und loben!* Sie können sich diese Memokarte auch an einem gut sichtbaren Platz anbringen. Gerne können Sie auch noch einmal das *Arbeitsblatt 3: Problemliste – Verhaltensprobleme meines Kindes in der Familie* aus dem ersten Baustein und die *Memokarte 3: Sorgen Sie für klare Regeln!* aus dem vierten Baustein ansehen, um sich einen Überblick zu verschaffen, welche Regeln und Aufforderungen Ihr Kind häufig nicht befolgt. Natürlich können Sie nicht erwarten, dass Ihr Kind von nun an alle Aufforderungen immer befolgt, wenn Sie sich an die in diesem Baustein beschriebenen Punkte halten. Vermutlich werden Sie allerdings schon nach kurzer Zeit einige Veränderungen im Verhalten Ihres Kindes feststellen können, wenn Sie diese Punkte beachten. Protokollieren Sie Ihre Erfahrungen auf der Memokarte 4 (siehe Abbildung 9 auf Seite 95).

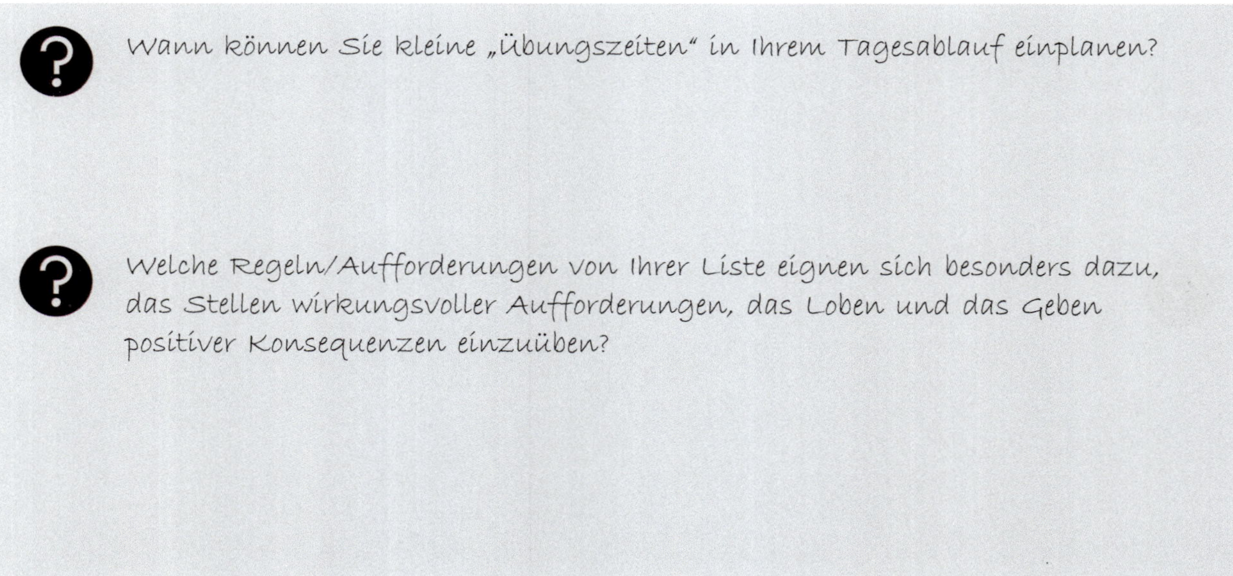

Wir sind uns bewusst, dass die Umsetzung dieses Bausteins viel Zeit und Kraft von Ihnen fordert. Seien Sie deshalb geduldig, auch wenn nicht alles direkt klappt!

Memokarte 4 **Baustein 5**

Wirkungsvoll auffordern und loben!

1. Stellen Sie nur dann Aufforderungen, wenn Sie bereit sind, sie auch durchzusetzen.
2. Sorgen Sie dafür, dass Ihr Kind aufmerksam ist, wenn Sie die Aufforderung geben.
3. Äußern Sie die Aufforderung eindeutig und nicht als Bitte.
4. Geben Sie immer nur eine Aufforderung.
5. Bleiben Sie bei Ihrem Kind und überprüfen Sie, ob es der Aufforderung nachkommt.
6. Loben Sie Ihr Kind oder setzen Sie eine andere positive Konsequenz, sobald es eine Aufforderung befolgt.
7. Besprechen Sie abends zusammen mit Ihrem Kind noch einmal, welche Aufforderungen und Regeln es tagsüber befolgt hat.
8. Loben Sie Ihr Kind ganz besonders, wenn es eine Aufgabe erfüllt hat, ohne dass Sie es direkt darum gebeten haben.
9. Konzentrieren Sie sich zunächst nur auf wenige Familienregeln oder Aufforderungen:

Aufforderung/Regel	Lob/Positive Konsequenz
1.	
2.	
3.	
4.	

Memokarte 4 **Baustein 5**

Wirkungsvoll auffordern und loben! (Protokoll)

Datum	Aufforderung Nummer*	Wurde die Aufforderung wirkungsvoll gestellt?	Was hat Ihr Kind gemacht?	Was haben Sie dann gemacht?

* Nummer der Aufforderung von der ersten Seite der Memokarte 4 eintragen.

Baustein 6

Konsequenzen gehören dazu!

Materialien zum Baustein 6
Memokarte 5: Konsequenzen gehören dazu!

→ Sie finden die Materialien am Ende des Bausteins (s. Seite 116) und als PDF-Download (s. Seite 168).

Kennen Sie das?

© Klaus Gehrmann

Obwohl Lukas' Eltern immer wieder Regeln mit ihm besprechen und ihm erklären, warum sie wichtig sind, und obwohl sie jetzt sehr darauf achten, ihn regelmäßig zu loben, wenn er Absprachen einhält, gibt es immer wieder Regeln und Aufforderungen, die er nicht befolgt. Lukas weiß aber oft auch gar nicht, woran er bei seinen Eltern ist. So reagiert seine Mutter an manchen Tagen überhaupt nicht, wenn er beim Essen sein Saftglas umstößt. Sie steht nur wortlos auf und wischt den Saft selbst auf. An anderen Tagen wiederum wird sie in der gleichen Situation richtig wütend, schreit und schimpft und gibt ihm für den Rest des Nachmittages Hausarrest auf seinem Zimmer. Zumeist kommt Lukas dann aber doch schon nach einer halben Stunde wieder heraus. Seine Mutter ist dann aber viel zu beschäftigt, um sich darum zu kümmern, und hat auch einfach keine Lust mehr auf weitere Diskussionen, die notwendig wären, um die gesetzte (aber eigentlich viel zu strenge) Konsequenz auch durchzusetzen.

Wie gehen Sie mit Konsequenzen um?

Was wollen wir in diesem Baustein erreichen?

Liebe Eltern!

Insbesondere bei der Erziehung von Kindern mit ADHS ist es wichtig, als Eltern bei bestimmten Themen eine konsequente Haltung zu finden, d.h. die Einhaltung von Regeln und Aufforderungen zu überprüfen und regelmäßig positive und, wenn notwendig, auch negative Konsequenzen folgen zu lassen. Im letzten Baustein haben wir Ihnen vermittelt, wie Sie wirkungsvolle Aufforderungen stellen und positive Konsequenzen einsetzen können, wenn Ihr Kind Regeln oder Aufforderungen befolgt. In diesem Baustein zeigen wir Ihnen nun, wie Sie natürliche negative Konsequenzen einsetzen können, wenn Ihr Kind nicht das tut, wozu Sie es auffordern, oder wenn es eine Regel verletzt. Wichtig ist, dass Sie jedes Mal, wenn Ihr Kind sich nicht an eine Aufforderung oder Regel hält, die negative Konsequenz folgen lassen, nicht nur, wenn Sie das problematische Verhalten Ihres Kindes gerade als besonders störend empfinden. Natürlich kann es manchmal vorkommen, dass Sie so erschöpft sind, dass Sie nicht die Kraft haben, auch noch eine negative Konsequenz durchzuführen – das ist sehr verständlich! Damit Ihr Kind lernt, Regeln und Aufforderungen nachzukommen, ist aber gerade diese Beständigkeit sehr wichtig. Verzichten Sie lieber auf eine Aufforderung, wenn Sie einmal keine Kraft mehr haben sollten, eine negative Konsequenz durchzuführen. Dies können Sie auch gegenüber Ihrem Kind ausdrücken, zum Beispiel so: „Heute habe ich keine Kraft mehr, dafür zu sorgen, dass du dir die Hände vor dem Essen wäschst. Ich freue mich, wenn du es tust, aber ich kann mich jetzt nicht darum kümmern.“ Sollte sich Ihr Kind dann „freiwillig“ die Hände waschen, sollten Sie natürlich mit Lob nicht sparen!

Welche Verhaltensweisen zeigt Ihr Kind, auf die Sie manchmal deutliche Konsequenzen folgen lassen, über die Sie aber an anderen Tagen hinwegsehen?

Die nebenstehende Abbildung zeigt erneut die verschiedenen Schritte zum Ausbruch aus dem Teufelskreis. Regeln aufstellen, Aufforderungen wirkungsvoll geben und Loben sowie andere positive Konsequenzen haben wir in den letzten Bausteinen besprochen. Neu hinzu kommt in diesem Baustein das Setzen natürlicher negativer Konsequenzen, wenn Ihr Kind eine Aufforderung nicht befolgt. Unsere Abbildung ist damit jetzt vollständig.

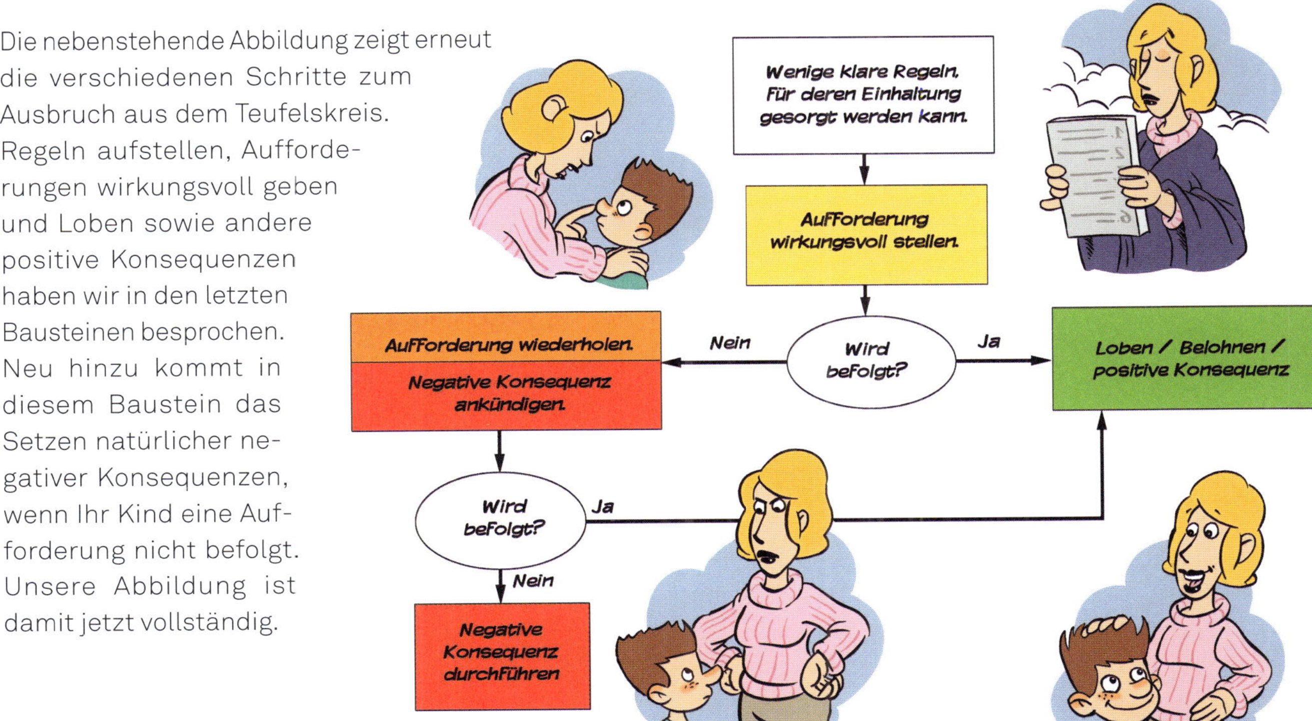

© Klaus Gehrmann

Das kann Ihnen helfen!

Setzen Sie natürliche Konsequenzen, wenn Ihr Kind Aufforderungen und Regeln nicht befolgt!

Viele Eltern von Kindern mit Verhaltensproblemen haben Schwierigkeiten, regelmäßig und angemessen auf die häufigen Regelverstöße ihrer Kinder zu reagieren. Das haben wir auch im Beispiel gesehen: Mal stört es Lukas' Mutter sehr, wenn er sein Saftglas umstößt, mal findet sie es nicht so schlimm. Häufig hängt die Reaktion der Eltern auf einen Regelverstoß also davon ab, wie sehr sie sich darüber ärgern. So kann es sein, dass Eltern an einem Tag sehr streng auf das problematische Verhalten ihres Kindes reagieren, während sie an anderen Tagen überhaupt keine Konsequenz folgen lassen. Oft drohen Eltern auch Konsequenzen an und setzen sie dann gar nicht oder nur teilweise um.

© Klaus Gehrmann

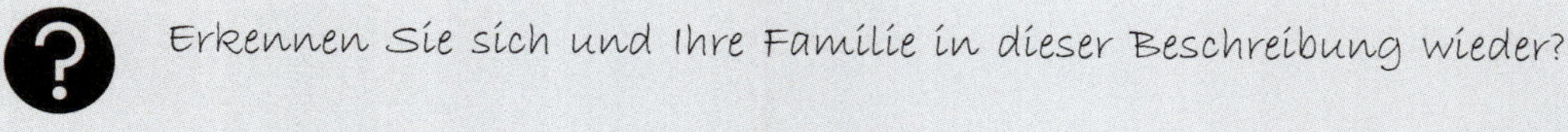
? Erkennen Sie sich und Ihre Familie in dieser Beschreibung wieder?

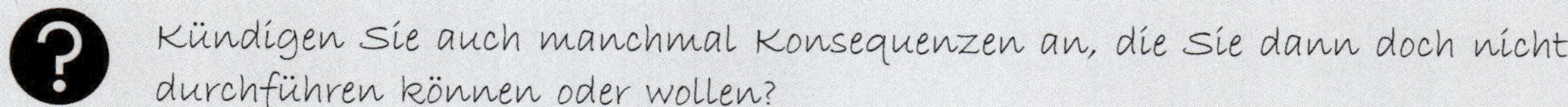
? Kündigen Sie auch manchmal Konsequenzen an, die Sie dann doch nicht durchführen können oder wollen?

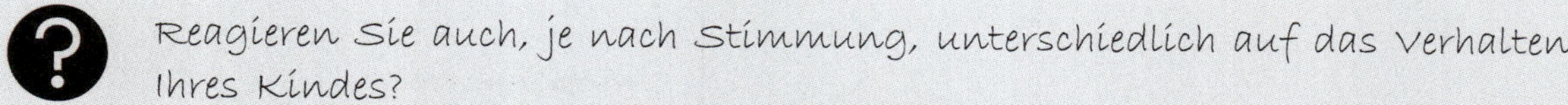
? Reagieren Sie auch, je nach Stimmung, unterschiedlich auf das Verhalten Ihres Kindes?

Überlegen Sie sich schon im Vorhinein, welche Konsequenzen Sie als angemessen und umsetzbar empfinden – so kommen Sie nicht in die Situation, sich spontan „irgendeine" negative Konsequenz ausdenken zu müssen, wenn Ihr Kind sich nicht an eine Regel oder Aufforderung hält. Im Folgenden geben wir Ihnen einige Hinweise, die Ihnen helfen sollen, auf die Verhaltensprobleme Ihres Kindes sogenannte „natürliche Konsequenzen" folgen zu lassen und diese regelmäßig anzuwenden. Mit „natürlich" ist gemeint, dass die Konsequenz sich möglichst aus dem Problemverhalten ergeben oder mit diesem in Zusammenhang stehen sollte (also z. B. kein Fernsehverbot, wenn Ihr Kind zu spät zum Essen kommt, sondern vielleicht muss es dann eher helfen, den Tisch nach dem Essen abzuräumen). In diesem Baustein wollen wir Ihnen nahebringen, wie solche natürlichen Konsequenzen aussehen können. Im Alltag ist es manchmal schwierig, immer passende negative Konsequenzen zu finden. Wichtig ist es aber, überhaupt konsequent zu sein!

1. Denken Sie daran, wirkungsvolle Aufforderungen zu stellen.
Denken Sie daran, dass Sie Aufforderungen nur dann stellen, wenn Sie bereit und in der Lage sind, diese auch durchzusetzen. Stellen Sie Aufforderungen eindeutig, vergewissern Sie sich der Aufmerksamkeit Ihres Kindes und achten Sie darauf, ob Ihr Kind der Aufforderung nachkommt. Schauen Sie sich noch einmal die Stichpunkte auf der *Memokarte 4: Wirkungsvoll auffordern und loben!* aus Baustein 5 an.

Können Sie sich noch an die Hinweise für wirkungsvolle Aufforderungen erinnern?

2. Loben Sie Ihr Kind oder geben Sie eine andere positive Konsequenz, wenn es Aufforderungen und Regeln einhält.
Denken Sie unbedingt daran, Ihr Kind zu loben oder mit einer anderen positiven Konsequenz zu verstärken, wenn es sich an Regeln und Aufforderungen hält (siehe Baustein 5). Wenn Sie auf unangemessenes Verhalten eine negative Konsequenz folgen lassen, ist es sehr wichtig, dass Sie im ersten Schritt immer auch positives Verhalten entsprechend anerkennen. Nur durch diese positiven Rückmeldungen und Bestätigungen kann sich das erwünschte Verhalten Ihres Kindes wirklich und längerfristig festigen.

Können Sie sich mit dem Gedanken anfreunden, dass Lob und positive Konsequenzen genauso wichtig sein sollen wie negative Konsequenzen?

3. Achten Sie bei der Auswahl negativer Konsequenzen darauf, dass sie auch umsetzbar sind.
Negative Konsequenzen müssen folgende Eigenschaften haben:

a) Negative Konsequenzen müssen durchführbar sein!
Sprechen Sie nur negative Konsequenzen aus, die Sie auch durchführen können bzw. zu deren Durchführung Sie bereit sind. Denken Sie schon im Vorfeld darüber nach, welche negativen Konsequenzen Sie wirklich für durchführbar halten.
Ungünstig wäre folgendes Beispiel: Sie haben gemeinsam mit Ihren Kindern verabredet, zum Schwimmen zu fahren. Kurz vorher schlägt Ihr Sohn seinen Bruder. Sie sagen: „Du hast deinen Bruder geschlagen, jetzt darfst du nicht mit uns zum Schwimmen fahren." Erstens ist die Konsequenz vielleicht etwas zu hart, zweitens ist sie aber vor allem ungünstig, wenn Sie eigentlich gar keine Möglichkeit haben, Ihren Sohn irgendwo anders zu lassen. Diese Konsequenz wäre damit in dieser Form nicht durchführbar: Entweder würde das bedeuten, dass Sie alle nicht zum Schwimmen fahren könnten (damit wäre dann auch Ihr anderer Sohn bestraft) oder Sie müssten diese Ankündigung zurücknehmen und wären damit inkonsequent. Eine günstigere negative Konsequenz könnte in diesem Falle eventuell sein, ihn zehn Minuten später ins Wasser (oder auf die Rutsche) gehen zu lassen als seinen Bruder. Er müsste in dieser Zeit, in der sein Bruder schon ins Wasser darf, noch bei Ihnen bleiben.

Welche Konsequenzen fallen Ihnen ein, die Sie manchmal aussprechen, obwohl Sie für die Durchführung nicht garantieren können?

b) Negative Konsequenzen müssen sofort erfolgen!

Negative Konsequenzen sollten möglichst zeitnah auf ein Problemverhalten folgen – sie sind umso wirkungsvoller, je näher sie zeitlich am Problemverhalten durchgeführt werden. Natürlich kann es vorkommen, dass eine unmittelbare Konsequenz nicht sofort erfolgen kann (beispielsweise, wenn Sie selbst das Haus verlassen müssen). Kündigen Sie Ihrem Kind in solchen Fällen die negative Konsequenz jedoch unmittelbar an und führen Sie sie dann zum nächstmöglichen Zeitpunkt durch. Ein Beispiel könnte sein: „Du hast deinem Bruder das Lego-Auto kaputt gemacht und musst es wieder aufbauen. Wir müssen jetzt aber zu unserem Termin. Du holst das nach, sobald wir wieder zu Hause sind!"

c) Negative Konsequenzen müssen regelmäßig erfolgen!

Die entscheidende Voraussetzung für eine längerfristige Verhaltensänderung Ihres Kindes ist die Regelmäßigkeit, mit der eine Konsequenz durchgeführt wird, nicht die Härte! Nur durch regelmäßige und konstante negative Konsequenzen macht Ihr Kind die Erfahrung, dass sein unangemessenes Verhalten nicht akzeptiert wird, und lernt, sich angemessen zu verhalten.

Können Sie sich vorstellen, auf eine Situation immer auf dieselbe Weise zu reagieren? Was erscheint Ihnen dabei schwierig? Sehen Sie dabei konkrete Probleme?

4. Beachten Sie verschiedene Formen von natürlichen negativen Konsequenzen.

Es lassen sich verschiedene Formen natürlicher negativer Konsequenzen unterscheiden:

a) Wiedergutmachung

Das Kind muss den Schaden, der durch das Problemverhalten entstanden ist, „wiedergutmachen":

- Das Kind baut den zerstörten Turm des Bruders wieder auf.
- Das Kind putzt den verschütteten Tee auf.
- Das Kind hebt das heruntergeworfene Spiel auf.

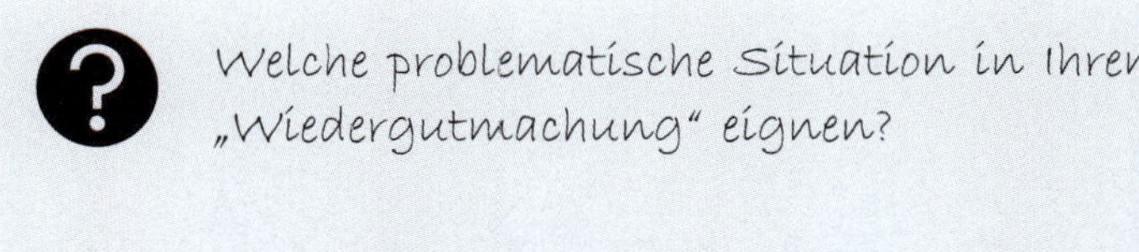

b) Ausschluss aus der Situation

Das Kind wird aus der Situation kurzzeitig ausgeschlossen, in der sich das Problemverhalten entwickelt hat:

- Das Kind muss das Zimmer verlassen, in welchem es den Bruder ärgert.
- Das Kind wird aus dem gemeinsamen Spiel ausgeschlossen (oder muss eine Runde aussetzen), weil es sich nicht an eine Spielregel hält.
- Das Kind wird für ein paar Minuten vom gemeinsamen Essen ausgeschlossen, weil es laut rülpst.

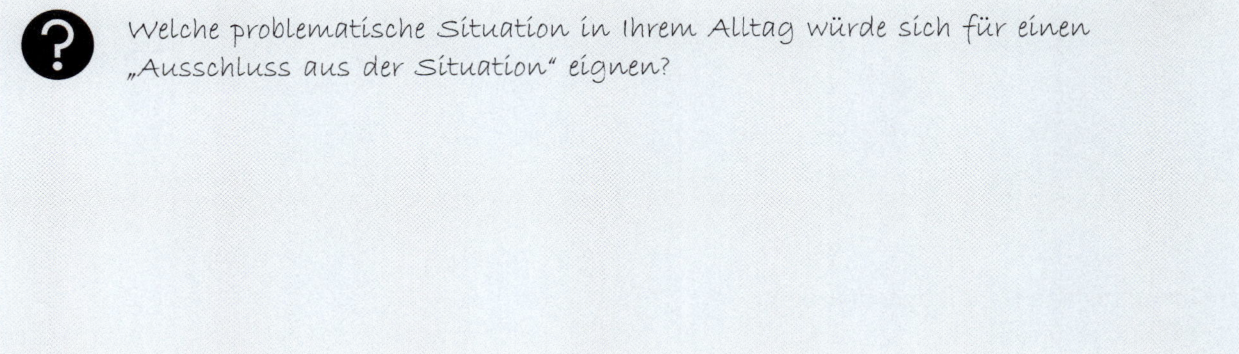

Das Problemverhalten kann durch den Ausschluss aus der Situation zunächst unterbrochen werden. Allerdings ist der Ausschluss nur dann eine wirksame negative Konsequenz, wenn Ihr Kind ihn auch als unangenehm erlebt. Der Ausschluss muss nicht lange andauern, Sie sollten eine Mindestzeitspanne jedoch schon vorher festgelegen (z. B. 5 Minuten). Pro Lebensjahr sollte diese Zeit als Faustregel ein bis zwei Minuten betragen, also bei einem achtjährigen Kind beispielweise zwischen 8 und 16 Minuten. Ist diese Zeit abgelaufen, sollte Ihr Kind die Möglichkeit haben, den Ausschluss von sich aus zu beenden, wenn es der Meinung ist, dass es sich jetzt an die Regel/Aufforderung halten kann.

c) Entzug von Privilegien

Sie können Ihrem Kind Dinge entziehen, die es besonders gerne mag oder besonders gerne hat. Am günstigsten ist es, wenn der Entzug solcher Privilegien mit dem Problemverhalten in Verbindung steht:

- Das Kind bekommt nur Nachtisch, wenn es den Teller leer gegessen hat, den es sich zuvor selbst gefüllt hat.
- Das Kind kann seinen Freund nicht besuchen, bevor die Hausaufgaben nicht fertig sind.
- Die Spielmaterialien, die trotz Aufforderung zum Aufräumen noch auf dem Fußboden liegen (sodass nicht gestaubsaugt werden kann), werden in einen Sack gesteckt und eine Zeit lang im Keller verwahrt.

Welche Privilegien könnten Sie Ihrem Kind nach einem Regelverstoß entziehen?

Sehr oft entziehen Eltern Fernsehen und Computerspielen als Privilegien. Achten Sie darauf, Ihrem Kind bei problematischem Verhalten solche „alltäglichen“ Privilegien zu entziehen, die möglichst zeitnah auf das Problemverhalten folgen (ungünstig wäre es, einen für den nächsten Monat geplanten Kinobesuch ausfallen zu lassen). Beim Fernsehen oder Computerspielen besteht statt des kompletten Entzugs auch die Möglichkeit, als Konsequenz die Zeit einzuschränken. Beispielsweise darf Ihr Kind statt einer dreiviertel Stunde nur 20 Minuten Computer spielen oder seine Lieblingssendung im Fernsehen erst 5 oder 10 Minuten später einschalten. Auf Dauer können auch solche eher kleinen Konsequenzen sehr effektiv sein. Zudem hat ein solches Vorgehen den Vorteil, dass Sie sich als Eltern nicht selbst bestrafen, weil Sie dadurch nicht den ganzen Abend das quengelnde Kind „aushalten“ müssen, das nicht fernsehen darf.

In welchen Situationen wäre diese Methode bei Ihnen sinnvoll?

d) Einengung des Handlungsspielraums

Besonders bei jüngeren Kindern ist es sinnvoll, die negative Konsequenz nicht durch Worte, sondern durch Handlungen zu setzen:

- Sie führen die Hand Ihres Kindes zu den Schuhen, die es aufräumen soll.
- Sie begeben sich auf die Höhe Ihres Kindes und führen ihm die Hand beim Aufräumen.
- Sie nehmen Ihrem Kind das Spielzeug aus der Hand, das es dem Bruder weggenommen hat.

In welchen problematischen Situationen können Sie sich vorstellen, dass diese Methode bei Ihrem Kind hilfreich ist?

5. Erarbeiten Sie für jede einzelne Regel und Aufforderung die natürliche negative Konsequenz.

Nehmen Sie die *Memokarte 3: Sorgen Sie für klare Regeln!* aus Baustein 4 zur Hand. Notieren Sie für jede einzelne Regel in der Spalte „Konsequenzen bei Nicht-Einhaltung der Regel“ eine natürliche negative Konsequenz bzw. überdenken Sie noch einmal bereits eingetragene Konsequenzen.

Bedenken Sie, dass natürliche Konsequenzen

- sich möglichst *direkt* aus dem Problemverhalten ergeben sollen,
- *durchführbar* sein müssen,
- *sofort* erfolgen sollen,
- *regelmäßig* erfolgen sollen.

6. Durchführung der negativen Konsequenz
Halten Sie sich an die folgenden Schritte, wenn Ihr Kind sich nicht an eine Regel oder Aufforderung hält:

Schritt 1: Benennen Sie zunächst die Regelverletzung und kündigen Sie die negative Konsequenz an (z. B. „Du darfst deinen Bruder nicht schlagen, du musst jetzt in dein Zimmer!").

Schritt 2: Falls das Problemverhalten noch andauert, geben Sie Ihrem Kind eine Chance, sich erwünscht zu verhalten (z. B. wenn Ihr Kind sein Zimmer nicht aufräumt). Befolgt Ihr Kind jetzt die Aufforderung, denken Sie daran, es dafür zu loben. Achten Sie darauf, ein „echtes" Lob zu geben! (Statt „Wäre schön, wenn das das nächste Mal direkt klappt." lieber „Klasse, dass du dein Zimmer aufräumst!")

Schritt 3: Bieten Sie Ihrem Kind die Möglichkeit, sich zu der Regelverletzung zu äußern („Ich habe meinen Bruder gehauen, weil er mir mein Spielzeug weggenommen hat.").

Schritt 4: Falls notwendig, begründen Sie noch einmal kurz die Regel („Das war nicht richtig von deinem Bruder, darüber werde ich mit ihm sprechen, aber das darf trotzdem kein Grund sein, ihn zu schlagen!").

Schritt 5: Führen Sie die negative Konsequenz durch („Du entschuldigst dich bei ihm, er gibt dir dein Spielzeug wieder und ihr bleibt beide für zehn Minuten in euren Zimmern!").

7. Führen Sie keine langen Diskussionen mit Ihrem Kind.
Damit es keine Missverständnisse gibt und Ihr Kind nicht ungerecht behandelt wird, sollte es sich zwar kurz zu der problematischen Situation äußern dürfen. Achten Sie aber darauf, sich nicht auf Grundsatzdiskussionen über die Regel selbst einzulassen! Sollte tatsächlich einmal eine ausführlichere Diskussion einer Regel erforderlich sein, führen Sie solche Gespräche in einer ruhigen Atmosphäre (z. B. in einem Familienrat, siehe Baustein 4) und nicht unmittelbar im Anschluss an das Problemverhalten.

Neigt Ihr Kind zu Grundsatzdiskussionen? Können Sie sich vorstellen, diese nun früher abzubrechen?

8. Führen Sie die negative Konsequenz möglichst ruhig durch.
Sicherlich ist es keine einfache Aufgabe, negative Konsequenzen immer ruhig durchzuführen. Machen Sie sich aber klar, dass lautes Schreien in der Regel nur der Abfuhr des eigenen Ärgers dient und keine hilfreiche Erziehungsmaßnahme darstellt. Im Gegenteil – meist heizt sich dadurch die Situation noch weiter auf. Negative Konsequenzen werden in der Regel wirksamer sein, wenn Sie sie mit Ruhe ausführen. Versuchen Sie, Ihren Ärger zunächst zumindest ein wenig zu vermindern, falls Sie einmal sehr ärgerlich sein sollten oder zu impulsiven Handlungen neigen. Hilfreiche Strategien in solchen Situationen können sein, einfach etwas Zeit verstreichen zu lassen, einige Male tief durchzuatmen oder kurz aus dem Raum zu gehen.

Geht es Ihnen auch manchmal so, dass Sie sehr aufgewühlt mit Ihrem Kind reden? Wie können Sie es schaffen, in der Situation wieder ruhig zu werden?

9. Konzentrieren Sie sich zunächst nur auf wenige Aufforderungen oder Familienregeln.
Wählen Sie zunächst nur ein oder zwei Aufforderungen oder Familienregeln aus, bei denen Sie die natürlichen negativen Konsequenzen anwenden und „üben" wollen. Sie können dazu noch einmal das *Arbeitsblatt 3: Problemliste – Verhaltensprobleme meines Kindes in der Familie* aus dem ersten Baustein und die *Memokarte 3: Sorgen Sie für klare Regeln!* aus dem vierten Baustein ansehen. Schreiben Sie die ausgewählten Aufforderungen/Regeln und die entsprechenden natürlichen Konsequenzen auf die erste Seite der *Memokarte 5: Konsequenzen gehören dazu!* und protokollieren Sie Ihre Erfahrungen auf der zweiten Seite (siehe Abbildung 10).

Wir sind uns bewusst, dass die Umsetzung dieses Bausteins viel Zeit und Kraft von Ihnen fordert. Seien Sie deshalb geduldig, auch wenn nicht alles direkt klappt!

Memokarte 5 — Baustein 6

Konsequenzen gehören dazu!

1. Denken Sie daran, wirkungsvolle Aufforderungen zu stellen.
2. Loben Sie Ihr Kind oder geben Sie eine andere positive Konsequenz, wenn es Aufforderungen und Regeln einhält.
3. Achten Sie bei der Auswahl negativer Konsequenzen darauf, dass sie auch umsetzbar sind:
   - Negative Konsequenzen müssen durchführbar sein!
   - Negative Konsequenzen müssen sofort erfolgen!
   - Negative Konsequenzen müssen regelmäßig erfolgen!
4. Beachten Sie verschiedene Formen von natürlichen negativen Konsequenzen:
   - Wiedergutmachung
   - Ausschluss aus der Situation
   - Entzug von Privilegien
   - Einengung des Handlungsspielraums
5. Konzentrieren Sie sich zunächst nur auf wenige Aufforderungen oder Familienregeln und erarbeiten Sie für diese die natürliche negative Konsequenz:

Aufforderung/Regel	Negative Konsequenz
1. Hausaufgaben 30 Min. nach Mittagessen	Bis die Aufgaben nicht erledigt sind, kann keine andere Aktivität begonnen werden
2. Keine Unterbrechung beim Telefonieren	Ich verlasse den Raum und wende meine Aufmerksamkeit ab

6. Führen Sie die natürliche Konsequenz wie folgt durch, wenn sich Ihr Kind nicht an die Regel/Aufforderung hält:
   - Benennen Sie die Regelverletzung und kündigen Sie die negative Konsequenz an.
   - Geben Sie Ihrem Kind die Chance zu reagieren. Kommt Ihr Kind jetzt der Aufforderung nach, so loben Sie es dafür.
   - Geben Sie Ihrem Kind die Möglichkeit, sich zu einer Regelverletzung zu äußern.
   - Begründen Sie, wenn nötig, noch einmal kurz die Regel.
   - Führen Sie die negative Konsequenz durch.
7. Führen Sie keine langen Diskussionen mit Ihrem Kind.
8. Führen Sie die negative Konsequenz möglichst ruhig durch.

Memokarte 5 — Baustein 6

Konsequenzen gehören dazu! (Protokoll)

Datum	Aufforderung Nummer*	Wurde die Aufforderung wirkungsvoll gestellt?	Was hat Ihr Kind gemacht?	Was haben Sie dann gemacht?
25.04.	1	ja	mit den Aufgaben begonnen	habe ihn gelobt und er konnte schnell nach draußen zu seinen Freunden
27.04.	2	ja	hat mehrmals versucht, mich zu unterbrechen	habe ihn auf die Regel hingewiesen, dann nicht weiter auf ihn reagiert und den Raum verlassen

* Nummer der Aufforderung von der ersten Seite der Memokarte 5 eintragen.

Abbildung 10:
Konsequenzen gehören dazu! (Memokarte 5)

Memokarte 5 **Baustein 6**

Konsequenzen gehören dazu!

1. Denken Sie daran, wirkungsvolle Aufforderungen zu stellen.

2. Loben Sie Ihr Kind oder geben Sie eine andere positive Konsequenz, wenn es Aufforderungen und Regeln einhält.

3. Achten Sie bei der Auswahl negativer Konsequenzen darauf, dass sie auch umsetzbar sind:
   - Negative Konsequenzen müssen durchführbar sein!
   - Negative Konsequenzen müssen sofort erfolgen!
   - Negative Konsequenzen müssen regelmäßig erfolgen!

4. Beachten Sie verschiedene Formen von natürlichen negativen Konsequenzen:
   - Wiedergutmachung
   - Ausschluss aus der Situation
   - Entzug von Privilegien
   - Einengung des Handlungsspielraums

5. Konzentrieren Sie sich zunächst nur auf wenige Aufforderungen oder Familienregeln und erarbeiten Sie für diese die natürliche negative Konsequenz:

Aufforderung/Regel	Negative Konsequenz
1.	
2.	

6. Führen Sie die natürliche Konsequenz wie folgt durch, wenn sich Ihr Kind nicht an die Regel/Aufforderung hält:
   - Benennen Sie die Regelverletzung und kündigen Sie die negative Konsequenz an.
   - Geben Sie Ihrem Kind die Chance zu reagieren. Kommt Ihr Kind jetzt der Aufforderung nach, so loben Sie es dafür.
   - Geben Sie Ihrem Kind die Möglichkeit, sich zu einer Regelverletzung zu äußern.
   - Begründen Sie, wenn nötig, noch einmal kurz die Regel.
   - Führen Sie die negative Konsequenz durch.

7. Führen Sie keine langen Diskussionen mit Ihrem Kind.

8. Führen Sie die negative Konsequenz möglichst ruhig durch.

Memokarte 5 **Baustein 6**

Konsequenzen gehören dazu! (Protokoll)

Datum	Aufforderung Nummer*	Wurde die Aufforderung wirkungsvoll gestellt?	Was hat Ihr Kind gemacht?	Was haben Sie dann gemacht?

* Nummer der Aufforderung von der ersten Seite der Memokarte 5 eintragen.

Baustein 7

Wenn Lob alleine nicht ausreicht: Punkte-Plan oder Wettkampf um lachende Gesichter

Materialien zum Baustein 7
Arbeitsblatt 5: Mein Punkte-Plan (Spielregeln)
Arbeitsblatt 6: Meine Punkte-Schlange
Arbeitsblatt 7: Mein Punkte-Konto
Arbeitsblatt 8: Wettkampf um lachende Gesichter (Spielregeln)
Arbeitsblatt 9: Wettkampf um lachende Gesichter (Spielplan)

→ Sie finden die Materialien am Ende des Bausteins (s. Seite 138) und als PDF-Download (s. Seite 168).

Kennen Sie das?

Die Nerven von Lukas' Mutter werden schon früh am Morgen auf eine harte Probe gestellt. Schließlich muss sie dafür sorgen, dass Lukas rechtzeitig das Haus verlässt, um pünktlich in der Schule zu sein. Aber das ist gar nicht so einfach! Lukas ist morgens meist so verschlafen, dass seine Mutter ihn dreimal wecken muss, und auch danach braucht er oft noch eine Ewigkeit, um aus dem Bett zu kommen. Und dann das Chaos und Trödeln im Badezimmer! Am liebsten wäscht Lukas sich morgens ohne Wasser, und auch die Haare kämmt er nur halbherzig! Auch das Anziehen ist oft ein einziges Drama. „Was soll ich denn anziehen? – Nee, das will ich nicht!" Wenn Lukas endlich bereit fürs Frühstück ist, ist es meist schon so spät, dass keine Zeit mehr für Gemeinsamkeit und Gemütlichkeit bleibt. Meist schmiert Lukas' Mutter ihm nur noch schnell zwei Brote, die er im Vorbeigehen isst und mitnimmt. Wenn Lukas endlich aus dem Haus geht, ist seine Mutter schweißgebadet. Jeden Morgen hofft sie, dass er den Schulbus nicht wieder verpasst.

Lukas' Mutter achtet mittlerweile sehr darauf, Lukas zu loben, wenn er sich an ihre Aufforderungen und an die Familienregeln hält. Dennoch sind manche Situationen nach wie vor sehr schwierig. Viele Probleme bestehen jetzt schon unglaublich lange. Die Verhaltensweisen von Lukas und seiner Mutter in diesen Situationen sind mittlerweile so festgefahren, dass es ihnen einfach nicht gelingt, aus dem Teufelskreis auszubrechen. Immer wieder geraten sie in solchen Situationen aneinander.

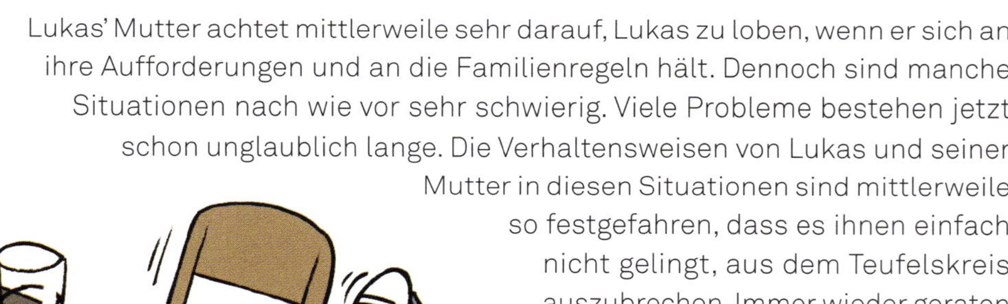

© Klaus Gehrmann

Gibt es bei Ihnen auch Situationen, in denen Sie trotz Loben noch keine ausreichende Verbesserung erzielen konnten?

Was wollen wir in diesem Baustein erreichen?

Liebe Eltern!

Obwohl viele Eltern darauf achten, ihr Kind regelmäßig zu loben, wenn es etwas gut gemacht hat oder sich an Regeln und Aufforderungen hält, gibt es häufig noch Aufforderungen oder Aufgaben, denen die Kinder nicht nachkommen. Besonders, wenn das Problemverhalten schon sehr lange auftritt und entsprechend stabil ist, ist es manchmal nicht ausreichend, dass Eltern ihr Kind durch ein Lob oder andere positive Konsequenzen dazu motivieren, sich an Regeln und Aufforderungen zu halten. Andere Eltern wiederum haben auch Schwierigkeiten, ihr Kind in ihrem stressigen Alltag regelmäßig zu loben, auch wenn sie es sich fest vorgenommen haben.

Wie Sie vielleicht schon bemerkt haben, ist dieser Baustein etwas umfangreicher. Das liegt daran, dass wir Ihnen hier unterschiedliche sogenannte „Belohnungspläne“ vorstellen wollen, die Ihnen helfen können, festgefahrene Probleme mit Ihrem Kind zu lösen. Im Rahmen dieser Pläne kann Ihr Kind sich Punkte „verdienen“, wenn es sich an bestimmte erwünschte Verhaltensweisen hält. Diese Punkte kann es später in Sonderbelohnungen umtauschen. Die beiden Belohnungspläne, die wir Ihnen vorstellen möchten, werden für unterschiedliche Problemsituationen angewendet, wie wir Ihnen gleich noch erläutern werden. Da es nicht günstig ist, wenn mehrere Belohnungspläne parallel durchgeführt werden, sollten Sie sich zunächst auf einen Plan beschränken. Zu einem späteren Zeitpunkt können Sie dann gegebenenfalls auch den zweiten Belohnungsplan anwenden.

Können Sie sich für Ihre Familie einen Belohnungsplan vorstellen?

Der erste Teil dieses Bausteins stellt den *Punkte-Plan* vor. Bei diesem Plan bekommt das Kind immer dann einen Klebepunkt oder ein Sternchen, wenn es eine bestimmte Regel eingehalten hat.

Verwenden Sie den **Punkte-Plan,**

- wenn Sie in einer Regel ganz klar das angemessene Verhalten beschreiben können und
- wenn das Kind die Regel nur ein- bis dreimal am Tag einhalten muss.

Beispiele dafür können sein: pünktlich nach Hause kommen oder sich nach der ersten Aufforderung bettfertig machen und bis 20:00 Uhr im Bett liegen oder direkt und ohne zu meckern mit den Hausaufgaben anfangen.

Der zweite Teil dieses Bausteins beschreibt den *Wettkampf um lachende Gesichter.*

Der **Wettkampf um lachende Gesichter** ist vor allem dann zu empfehlen,

- wenn das unerwünschte Verhalten sehr häufig auftritt und
- vor allem das häufige Auftreten ein Problem ist (z.B. ständiges Aufstehen beim Essen).

Bei beiden Belohnungsplänen kann das Kind anschließend seine „verdienten" Punkte in Sonderbelohnungen umtauschen. Dadurch wird das Kind zu einer Verhaltensänderung motiviert. Manche Eltern sehen die Belohnungspläne erst einmal sehr kritisch, weil sie es nicht gut finden, sich das Verhalten ihres Kindes zu „erkaufen". Sie sind der Meinung, das Kind müsse dies aus Überzeugung tun bzw., „weil es selbstverständlich ist", und es verdiene dafür keine Extrabelohnung. Die besonderen Probleme mit einem besonderen Kind erfordern jedoch besondere Maßnahmen. Wenn sich schwierige Verhaltensweisen verfestigt haben und die ganze Familie mit den Nerven am Ende ist, lassen sich Verhaltensänderungen nur schwer herbeiführen. In solchen Fällen hat es sich als sehr hilfreich herausgestellt, mit einem „Spiel" wie dem Punkte-Plan (oder dem Wettkampf um lachende Gesichter) eine Veränderung der Situation zu erreichen. Da sich das Problemverhalten so festgefahren hat, fällt die Verhaltensänderung Ihrem Kind auch wirklich schwer. Es verdient daher auch einen Anreiz in Form von Belohnungen. Wenn Sie die „richtigen" Belohnungen aussuchen (Beispiele siehe Seite 126), werden Sie nicht das Gefühl entwickeln, das Verhalten Ihres Kindes zu „erkaufen". Zudem soll der Belohnungsplan die Verhaltensänderung anstoßen und nicht „ein Leben lang" fortgeführt werden, aber auch dazu später mehr.

Haben Sie auch Bedenken wegen eines Belohnungsplans? Oder können Sie nachvollziehen, dass Kinder manchmal einen zusätzlichen Anreiz zur Verhaltensänderung brauchen?

Das kann Ihnen helfen!

Teil 1: Der Punkte-Plan

Ein Punkte-Plan bietet Eltern die Möglichkeit, ihrem Kind eine zusätzliche Motivation zu geben, ihren Aufforderungen nachzukommen. Damit verleihen sie diesen Aufforderungen auch mehr Bedeutung. Im Punkte-Plan werden eine oder mehrere Regeln festgelegt; wenn das Kind sich an diese Regeln hält, kann es sich Punkte „verdienen". Die Eltern geben dem Kind unmittelbar nach dem erwünschten Verhalten ein „Lob" in Form von Punkten und verstärken es so für sein Verhalten. Zu einem späteren Zeitpunkt kann das Kind diese Punkte dann in Belohnungen umtauschen.

Die Entwicklung des Punkte-Plans

1. Beschreiben Sie, wie das unproblematische Verhalten in dieser Situation aussehen müsste.
Ausgangspunkt ist die Beschreibung des Problemverhaltens. Sie sollten ein Problemverhalten aussuchen, dass Ihnen wichtig ist. Achten Sie aber darauf, beim ersten Einsatz eines Belohnungsplanes vielleicht nicht direkt das schwierigste Problemverhalten auszuwählen. Sie können für die Auswahl auch *Arbeitsblatt 3: Problemliste – Verhaltensprobleme meines Kindes in der Familie* aus Baustein 1 zu Hilfe nehmen.

Beschreiben Sie im nächsten Schritt möglichst genau, welches problematische Verhalten Ihr Kind zeigt. Notieren Sie also nicht einfach: „ist unfolgsam" oder „ist ein Störenfried", sondern definieren Sie das Problemverhalten genauer, beispielsweise „zieht sich abends nach Aufforderung nicht aus, trödelt herum und macht zu viel Krach".

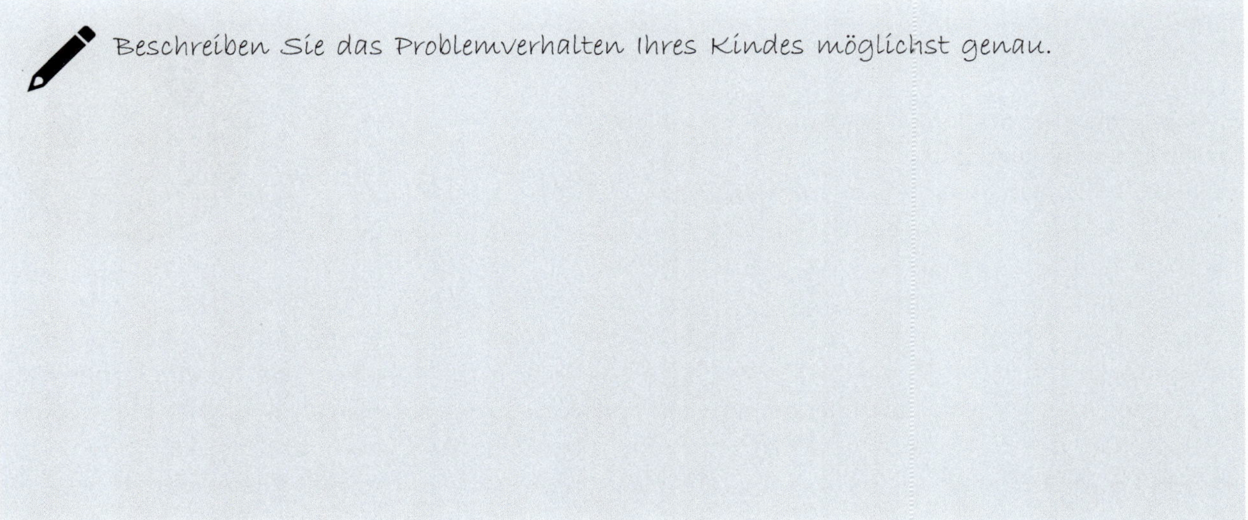

Legen Sie nun in einem weiteren Schritt möglichst genau fest, wie das erwünschte Verhalten Ihres Kindes in der Situation aussehen würde. Wie müsste sich Ihr Kind in der Situation verhalten, damit Sie das Verhalten als unproblematisch einschätzen würden? Bei dem oben genannten Beispiel könnte das erwünschte Verhalten so lauten: „Mein Kind zieht sich spätestens nach der zweiten Aufforderung aus, wäscht sich und putzt sich die Zähne innerhalb von 15 Minuten. Während dieser Zeit schreit es nicht herum." Die genaue Definition des erwünschten Verhaltens, d.h. der Verhaltensregel, ist für die spätere Punktevergabe sehr wichtig.

Weitere Beispiele für Verhaltensregeln sind:

- Mein Kind beginnt eine halbe Stunde nach dem Mittagessen mit den Hausaufgaben und bleibt bei den Hausaufgaben sitzen.
- Mein Kind steht morgens spätestens nach dem zweiten Wecken auf, wäscht sich, zieht sich an und sitzt spätestens um 7:00 Uhr am Frühstückstisch. Während dieser Zeit streitet es nicht mit seinem Bruder.
- Mein Kind kommt zum gemeinsamen Essen, wenn ich es rufe, legt sein Spielzeug und sein Handy an einen vorher vereinbarten Platz und steht beim Essen nur auf, wenn es vorher gefragt und die Erlaubnis bekommen hat. Nach dem Essen bringt mein Kind seinen Teller in die Spülmaschine.

Stellen Sie Verhaltensregeln auf. Beschreiben Sie dazu, wie das unproblematische Verhalten in dieser Situation aussehen müsste:

2. Wählen Sie die Art der Punkte aus, die Ihr Kind bekommt, wenn es sich angemessen verhält.

Besprechen Sie gemeinsam mit Ihrem Kind, was Sie ihm als unmittelbare Belohnung geben, wenn es in der vereinbarten Situation das erwünschte Verhalten zeigt. Günstig sind oft einfache Klebepunkte oder auch Klebebildchen, die Ihr Kind auf seinen Punkte-Plan kleben kann. Eine weitere Möglichkeit wäre, die Punkte einfach aufzumalen, als Sterne, Blumen oder was Ihnen und Ihrem Kind gefällt!

© Klaus Gehrmann

3. Bestimmen Sie die konkreten Verhaltensweisen, für die es einen Punkt gibt.

Besprechen Sie gemeinsam mit Ihrem Kind, für welche Verhaltensweisen es einen Punkt bekommen kann. Das Kind in unserem Beispiel könnte einen Punkt bekommen, wenn es sich insgesamt ohne Schwierigkeiten bettfertig macht. Allerdings ist es in der Regel wirkungsvoller, dem Kind auch schon dann einen Punkt zu geben, wenn Teile seines Verhaltens unproblematisch sind. Beispielsweise könnte die gemeinsame Absprache mit Ihrem Kind lauten, dass Sie ihm einen Punkt geben, wenn es spätestens nach der zweiten Aufforderung ins Kinderzimmer geht und sich auszieht, und einen zweiten Punkt, wenn es sich innerhalb von 15 Minuten gewaschen und die Zähne geputzt hat. Einen dritten Punkt könnte es geben, wenn es sich in dieser Zeit ruhig verhält und keinen Krach macht. Damit es keine Missverständnisse oder Unstimmigkeiten gibt, müssen Sie möglicherweise noch genau definieren, was mit „Krach" gemeint ist. In diesem Beispiel könnte sich das Kind jeden Tag bis zu drei Punkte „verdienen". Die dargestellte Aufteilung von umfangreichen Situationen in mehrere kleine Schritte ist deshalb wichtig, da sie es Ihnen ermöglicht, das Kind für jedes angemessene Verhalten unmittelbar in der Situation einzeln zu belohnen. Auch für Ihr Kind ist ein solches Vorgehen motivierender – es könnte frustrierend sein, wenn es sich große Mühe gibt und es schafft, einzelne erwünschte Verhaltensweisen zu zeigen, aber keinen Punkt erhält, weil nur für die Bewältigung der Gesamtsituation ein Punkt vereinbart wurde. Für die Punktevergabe ist es sehr günstig, wenn Sie in der Nähe Ihres Kindes bleiben. So können Sie schon bei Beginn des erwünschten Verhaltens direkt positiv mit der Vergabe eines Punktes reagieren. Gleichzeitig kann Ihre Anwesenheit besonders zu Beginn einen festen Rahmen für Ihr Kind schaffen, der zu einem besseren Erfolg des Punkte-Plans beiträgt. Tragen Sie die vereinbarten erwünschten Verhaltensweisen und die Anzahl der Punkte, die Ihr Kind für die einzelnen Verhaltensweisen bekommen kann, auf dem *Arbeitsblatt 5: Mein Punkte-Plan (Spielregeln)* ein. Wir haben Ihnen auf diesem Arbeitsblatt Platz für die Eintragung von acht möglichen Verhaltensweisen gelassen, für die Ihr Kind einen Punkt erhalten kann. Natürlich können Sie aber – wie in unserem Beispiel – auch weniger Verhaltensweisen notieren. Gerade, wenn Sie zum ersten Mal mit einem Punkte-Plan arbeiten, ist es sinnvoll, mit wenigen, gut definierten Schritten zu beginnen. Wir haben Ihnen das Arbeitsblatt 5 einmal beispielhaft ausgefüllt (siehe Abbildung 11).

Arbeitsblatt 5 **Baustein 7**

Mein Punkte-Plan (Spielregeln)

Ich erhalte Klebebilder/Punkte, wenn ich es schaffe, folgende Regeln einzuhalten:

Regeln	Anzahl der Punkte
1. Lukas geht abends spätestens nach der zweiten Aufforderung ins Kinderzimmer und zieht sich aus.	1
2. Lukas putzt sich innerhalb von 15 Minuten die Zähne und wäscht sich.	1
3. Während dieser Zeit meckert Lukas nicht und schreit nicht herum.	1
4.	
5.	
6.	
7.	
8.	

Anmerkung: Es können am Tag 3 Punkte verdient werden, d.h. ab 2 Punkten sollte es möglich sein, eine kleine Belohnung zu bekommen.

Ich darf meine Klebebilder/Punkte eintauschen:

Anzahl der Punkte	können eingetauscht werden in:
2	1. Eine kleine Süßigkeit für den nächsten Tag
3	2. Ein Sammelbild
3	3. Ein Kartenspiel mit Mama oder Papa spielen
4	4. Eine Extra-Gute-Nacht-Geschichte
6	5. Eine Runde Fußball mit Papa spielen
8	6. Eine DVD ausleihen und mit Mama und Papa gemeinsam ansehen
9	7. Eis essen gehen
12	8. Schwimmen gehen

Abbildung 11:
Ausgefülltes Arbeitsblatt 5: Mein Punkte-Plan (Spielregeln)

Für welches Verhalten kann Ihr Kind einen Punkt „verdienen"?

4. Legen Sie gemeinsam mit Ihrem Kind eine Wunschliste für Sonderbelohnungen an.
Bei sehr eingefahrenem Problemverhalten ist es in der Regel nicht ausreichend, Ihrem Kind Punkte als Belohnung zu geben. Wir empfehlen Ihnen daher, mit Ihrem Kind „Sonderbelohnungen" zu vereinbaren, die es gegen eine bestimmte Anzahl von Punkten eintauschen kann. Überlegen Sie zunächst mit Ihrem Kind gemeinsam, worüber es sich freuen würde, und erstellen Sie gemeinsam mit ihm eine Wunschliste, in die Sie möglichst viele Dinge eintragen. Notieren Sie zunächst alle möglichen Vorschläge für Sonderbelohnungen, auch jene, mit denen Sie nicht ganz einverstanden sind. Allerdings sollten die ganz großen Wünsche, wie ein neues Fahrrad oder ein Computer, dabei nicht auftauchen. Besonders wichtig ist es, dass Sie auch kleinere Belohnungen aufschreiben, die Sie Ihrem Kind häufiger geben können. Dabei ist es günstig, wenn Sie nicht nur an materielle Dinge denken, sondern in erster Linie an Vergünstigungen und gemeinsame Aktivitäten.

Beispiele für Belohnungen

- Eine Extra-Spielzeit mit den Eltern, in der das Kind sich aussuchen darf, was gespielt wird.
- Eine Extra-Geschichte vorgelesen bekommen.
- Mit den Eltern gemeinsam zu Hause einen Film ansehen.
- Mit den Eltern gemeinsam eine Fahrradtour machen.
- Sticker oder Sammelkarten.
- Ins Schwimmbad gehen.
- Einen Kinofilm ansehen.
- Etwas länger aufbleiben dürfen.
- Einen gemeinsamen Ausflug in den Wald oder an einen See machen.
- Ein Eis essen gehen.
- Das Lieblingsessen gemeinsam zubereiten und essen.
- Belohnungen, die Ihrem Kind schrittweise gegeben werden können, wie einzelne Legosteine für ein Lego-Schiff oder -Flugzeug oder Puzzle-Teile.

Wunschliste für Sonderbelohnungen:

1.

2.

3.

4.

5.

6.

7.

8.

9.

10.

Lassen Sie Ihr Kind möglichst viele Vorschläge machen. Achten Sie darauf, mindestens fünf bis zehn Sonderbelohnungen mit unterschiedlichem Belohnungswert aufzuschreiben, d. h. in der Liste sollten sowohl kleinere als auch größere Belohnungen enthalten sein.

5. Bestimmen Sie die Anzahl der Punkte, die für die Sonderbelohnungen notwendig sind.

Suchen Sie im nächsten Schritt nun die Sonderbelohnungen aus, mit denen Sie und Ihr Kind beide einverstanden sind. Achten Sie bitte darauf, sowohl kleinere als auch etwas größere Sonderbelohnungen auszuwählen. Wählen Sie am besten mindestens vier Belohnungen aus, günstigenfalls auch mehr. Vereinbaren Sie dann gemeinsam mit Ihrem Kind die Anzahl der Punkte, die es für die einzelnen Belohnungen eintauschen muss. Orientieren Sie sich bzgl. der Anzahl der Punkte, die eingetauscht werden müssen, an der Anzahl der Punkte, die Ihr Kind an einem Tag erhalten kann. Wenn Ihr Kind an einem Tag etwas mehr als die Hälfte der möglichen Punkte erreicht, sollte es die kleinste Belohnung bekommen können. Natürlich sollte die notwendige Punktzahl umso höher sein, je höher der Wert der Sonderbelohnungen ist. Tragen Sie die für jede Belohnung notwendige Punktzahl auf dem *Arbeitsblatt 5: Mein Punkte-Plan (Spielregeln)* ein (s. Abbildung 11 auf Seite 125).

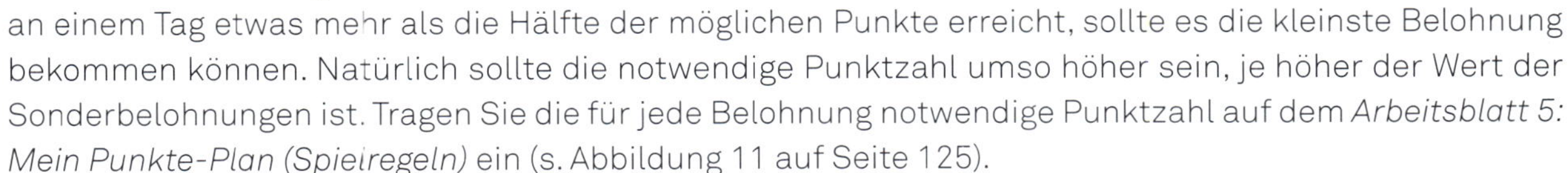

© Klaus Gehrmann

Wie viele Punkte können in welche Belohnung umgetauscht werden?

Die Durchführung des Punkte-Plans

1. Befestigen Sie den Punkte-Plan an einer gut sichtbaren Stelle in der Wohnung.
Überlegen Sie sich, an welcher Stelle in Ihrer Wohnung Sie die Spielregeln des Punkte-Plans (Arbeitsblatt 5) aufhängen möchten. Viele Familien entscheiden sich für eine Stelle im Kinderzimmer (z. B. die Tür) oder in der Küche (z. B. am Kühlschrank). Manchen Kindern ist es jedoch unangenehm, wenn auch Besucher den Punkte-Plan sehen können. In solchen Fällen hat es sich bewährt, den Plan an der Innenseite einer Schranktür anzubringen und diese Tür dann bei Bedarf zu öffnen. Sie können als Punkte-Plan das *Arbeitsblatt 6: Meine Punkte-Schlange* oder das *Arbeitsblatt 7: Mein Punkte-Konto* verwenden. Für kleinere Kinder, die noch Schwierigkeiten im Umgang mit Zahlen und Mengen haben, ist die Punkte-Schlange besonders geeignet. In dieser Schlange „reihen" sich die verdienten Punkte aneinander. Dies ermöglicht den Kindern, einen guten Überblick über die Punkte zu behalten. Je mehr Punkte Ihr Kind sich verdient, desto länger wird die Schlange. Sie haben hier auch die Möglichkeit, an den Rand der Schlange kleine Bildchen für die Sonderbelohnungen zu malen, z. B. nach 6 Punkten ein „Eis" für Eis essen gehen, nach weiteren 4 Punkten ein „Buch" für Extra-Vorlesen. Im Punkte-Konto (Arbeitsblatt 7) werden pro Tag die „verdienten" Punkte festgehalten. Diesen Plan können Sie mehrere Wochen lang verwenden. Sie können sowohl die Punkte-Schlange als auch den Punkte-Plan als Kopiervorlage nutzen bzw. mehrfach ausdrucken, um die Pläne über eine längere Zeit zu verwenden. Oder Sie gestalten selbst einen Punkte-Plan oder eine Punkte-Schlange, vielleicht auch gemeinsam mit Ihrem Kind!

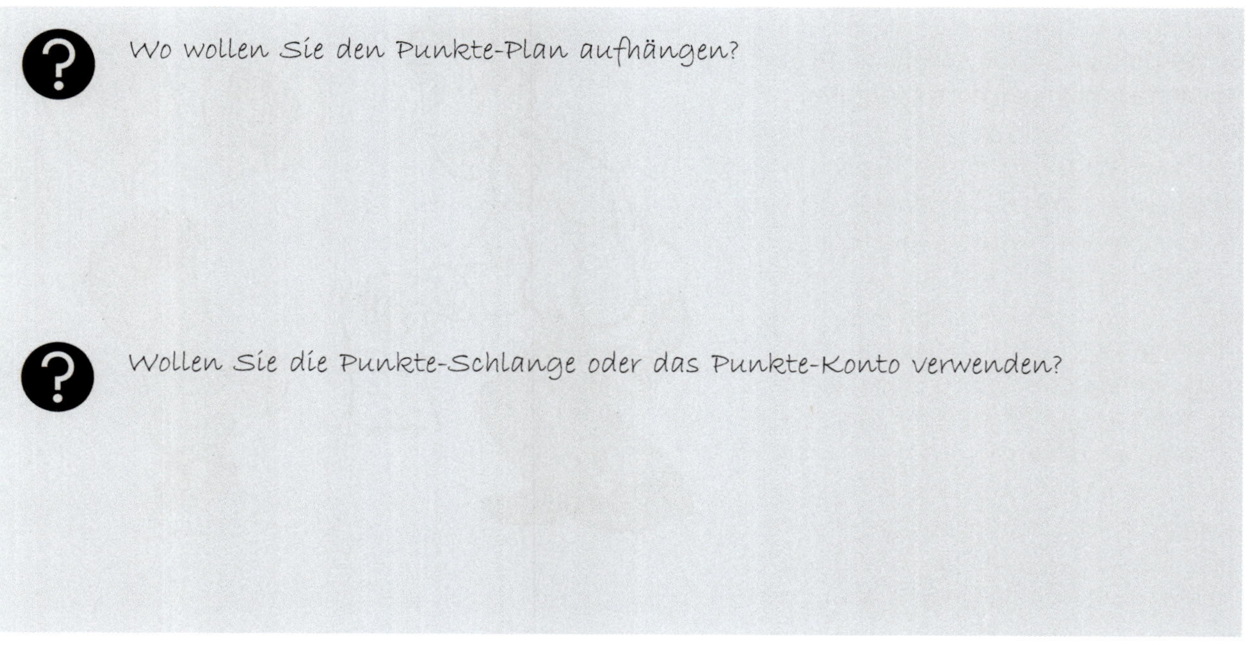

2. Erinnern Sie Ihr Kind an den Punkte-Plan.
Erinnern Sie Ihr Kind zu Beginn der üblicherweise problematischen Situation an den Punkte-Plan und ermutigen Sie es. Sagen Sie ihm noch einmal kurz, wie es sich verhalten soll, damit es einen Punkt bekommen kann.

3. Geben Sie die Punkte sofort, nachdem sich Ihr Kind unproblematisch verhalten hat.
Geben Sie Ihrem Kind sofort einen Punkt, wenn es sich in der vereinbarten Situation erwünscht verhalten hat. Ihr Kind kann diesen Punkt an der entsprechenden Stelle einkleben oder aufmalen. Zeigen Sie Ihrem Kind, dass Sie sich mit ihm freuen, und loben Sie es für seine Anstrengung. Falls Ihr Kind es nicht geschafft

hat, sich unproblematisch zu verhalten, und somit keinen Punkt bekommen konnte, erklären Sie ihm kurz und in neutralem Ton, warum Sie ihm nun keinen Punkt geben konnten. Machen Sie ihm aber Mut und motivieren Sie es, sich beim nächsten Mal bzw. für die noch zu verdienenden Punkte noch mehr anzustrengen.

4. Besprechen Sie abends mit Ihrem Kind, wie gut es den Punkte-Plan erfüllen konnte.
Wenn Sie mit Ihrem Kind abends, zum Beispiel beim Zubettgehen, besprechen, wie gut der Punkte-Plan diesen Tag über geklappt hat, können Sie es noch einmal besonders für seine Erfolge loben und ihm zeigen, wie Sie sich mit ihm freuen und wie wichtig Ihnen der Plan ist. Sollte es an einem Tag nicht so gut gelaufen sein, ermutigen Sie Ihr Kind, es am nächsten Tag wieder zu versuchen. Erinnern Sie Ihr Kind daran, dass es seine Punkte auch sparen kann, falls es einmal nicht genügend Punkte verdient hat, um sie direkt gegen eine Belohnung eintauschen zu können. Häufig ist es günstig, wenn Ihr Partner/Ihre Partnerin an dieser kleinen Besprechung teilnimmt. Ihr Kind kann ihm/ihr dann anhand des Punkte-Plans zeigen, was es geschafft hat.

© Klaus Gehrmann

Wann haben Sie Gelegenheit, noch einmal abends über den Punkte-Plan zu sprechen?

5. Entziehen Sie keine Punkte.
Achten Sie darauf, dass Sie Ihrem Kind keine Punkte als „Strafe" entziehen, wenn es sich im Laufe des Tages in anderen als den im Plan vereinbarten Situationen problematisch verhält. Es ist ganz wichtig, dass Sie Ihrem Kind einmal „verdiente" Punkte auf keinen Fall wieder wegnehmen! Ansonsten kann der Punkte-Plan nicht erfolgreich sein. Der Punkte-Plan zielt auf die Veränderung eines ganz bestimmten, von Ihnen festgelegten Verhaltens ab. Erwarten Sie nicht, dass sich mit dem Punkte-Plan gleich auch andere Probleme „automatisch" erledigen.

6. Tauschen Sie die Punkte in Sonderbelohnungen ein.
Lassen Sie Ihr Kind entscheiden, gegen welche Sonderbelohnungen es seine verdienten Punkte eintauschen möchte. Es hat entweder die Möglichkeit, eine geringere Punktzahl in eine kleine Belohnung umzutauschen, oder auf eine größere Belohnung zu „sparen". Wenn Sie Ihrem Kind eine Sonderbelohnung gegeben haben, können Sie die dafür eingetauschten Punkte auf dem Punkte-Plan abhaken oder mit einem besonderen Zeichen versehen. Achten Sie darauf, Ihrem Kind die Sonderbelohnung auf jeden Fall zu geben, wenn es die Punkte dafür erreicht hat. Der Punkte-Plan ist eine gegenseitige Abmachung. Ihr Kind muss sich auf die getroffenen Vereinbarungen verlassen können, damit der Punkte-Plan wirken kann. Natürlich kann es vorkommen, dass Sie eine Sonderbelohnung nicht unmittelbar einlösen können, z. B. nicht Eis essen gehen, weil Sie an diesem Nachmittag keine Zeit haben. In einem solchen Fall sollten Sie jedoch unbedingt mit Ihrem Kind den Zeitpunkt vereinbaren, wann es die Sonderbelohnung erhalten kann – je früher, desto besser (mindestens innerhalb der nächsten Woche).

Wann haben Sie die Gelegenheit, die Sonderbelohnung einzulösen?

7. Keine zu hohen Erwartungen!

Erwarten Sie nicht, dass Ihr Kind sich von Anfang an vollkommen unproblematisch verhalten und alle Punkte erreichen wird. Die meisten Kinder schaffen es erfahrungsgemäß in der ersten Woche, etwa die Hälfte aller möglichen Punkte zu bekommen. Das ist schon ein sehr großer Fortschritt! Sollte Ihr Kind innerhalb der ersten drei Tage keinen einzigen Punkt verdienen, wurde zumeist ein Fehler bei der Entwicklung des Punkte-Plans gemacht und er sollte angepasst werden. Häufige Fehlerquellen sind, dass die Sonderbelohnungen nicht wirklich attraktiv sind oder dass die für einen Punkt vereinbarte Verhaltensänderung noch zu schwer ist. In der Regel wird ein Plan nicht mehr erfolgreich werden, wenn er nicht in den ersten Tagen schon Erfolge gezeigt hat. Brechen Sie in einem solchen Fall den Punkte-Plan erst einmal wieder ab und verändern Sie ihn, bevor Sie einen neuen Versuch starten.

Folgende Punkte können Ihnen bei der Überarbeitung Ihres Plans helfen:

- Ist das festgelegte Verhalten noch zu schwierig? Falls Sie diesen Eindruck haben, versuchen Sie, mit einem leichteren Problem zu starten oder komplexere Verhaltensweisen in einzelne Schritte zu unterteilen. Sie könnten z.B. einen Punkt geben, wenn Ihr Kind abends ins Badezimmer geht, einen weiteren Punkt, wenn es mit dem Zähneputzen beginnt, und einen dritten Punkt, wenn es die Zähne für eine festgelegte Zeit gründlich putzt, statt einen Punkt für das gesamte Fertigmachen abends zu geben. Wie kleinschrittig Sie bei der Definition der Verhaltensregeln vorgehen, hängt davon ab, wie schwierig das erwünschte Verhalten für Ihr Kind ist.
- Sind die erwünschten Verhaltensweisen klar definiert und nicht zu zahlreich? Achten Sie darauf, Probleme auf der Verhaltensebene zu formulieren – was genau soll Ihr Kind tun? Schreiben Sie beispielsweise nicht „benimmt sich gut beim Essen“ oder „hält sich an Aufforderungen“ (beide Formulierungen sind zu allgemein), sondern „bleibt beim Essen an seinem Platz sitzen“ (1 Punkt) und „diskutiert nicht, wenn er seinen Teller in die Spülmaschine räumen soll“ (1 weiterer Punkt)“ – so weiß Ihr Kind genau, was von ihm erwartet wird. Achten Sie auch darauf, nicht zu viele Regeln auf einmal festzulegen, damit Sie und Ihr Kind nicht den Überblick verlieren und der Plan nicht mehr zu einer Belastung denn zu einer Hilfe wird.
- Sind die Sonderbelohnungen attraktiv genug? Überlegen Sie ansonsten gemeinsam mit Ihrem Kind, welche Belohnungen attraktiver sein könnten, und überarbeiten Sie die Liste mit den Sonderbelohnungen.
- Gibt es Belohnungen mit unterschiedlichem Belohnungswert, d.h. größere und kleinere Belohnungen? Manchmal wünschen sich Kinder nur eine bestimmte, etwas größere Belohnung, auf die sie hinarbeiten möchten. Achten Sie dennoch darauf, dass auch kleinere und mittlere Belohnungen in Ihrer Liste mit den Sonderbelohnungen auftauchen, die Ihr Kind schon früher erreichen könnte. Es kann frustrierend sein, wenn Ihr Kind sich gut an vereinbarte Regeln hält, die Sonderbelohnung jedoch weit entfernt ist. Auf der anderen Seite kann es Ihr Kind motivieren, wenn es weiß, dass es seine verdienten Punkte schon gegen bestimmte Belohnungen eintauschen könnte.
- Gelingt es Ihnen, sich an die Regeln des Punkte-Plans zu halten? Der Punkte-Plan ist eine gegenseitige Vereinbarung zwischen Ihnen und Ihrem Kind. Sie möchten, dass Ihr Kind sich an bestimmte Verhaltensregeln hält – umgekehrt muss Ihr Kind sich darauf verlassen können, dass auch Sie sich an die getroffenen Vereinbarungen halten. Dazu gehört beispielsweise, dass Sie Ihr Kind an den Plan erinnern und ihm regelmäßig Punkte für sein erwünschtes Verhalten geben, dass es verdiente Sonder-

belohnungen zeitnah erhalten kann und dass Sie ihm einmal verdiente Punkte nicht wieder wegnehmen. Auf der anderen Seite sollten Sie Punkte auch nur für die vereinbarten Verhaltensweisen geben und nicht, wenn Ihr Kind sich an anderer Stelle positiv verhält – auch dies kann dazu führen, dass Unklarheit und Unstimmigkeit darüber herrschen, wie Ihr Kind sich Punkte verdienen kann. Reagieren Sie mit einem Lob oder einer anderen positiven Konsequenz, wenn Sie sich in anderen als den vereinbarten Situationen über das Verhalten Ihres Kindes freuen!

- Denken Sie daran, den Punkte-Plan regelmäßig durchzuführen und die Punkte sofort zu vergeben, wenn Ihr Kind sich an die vereinbarten Regeln hält!

8. Aller Anfang ist schwer!

Der Punkte-Plan mag zwar zunächst wie eine recht einfache Maßnahme erscheinen, er ist aber oft anstrengender als vermutet, da er sowohl von Ihrem Kind als auch von Ihnen selbst meist eine Umstellung fester Gewohnheiten verlangt. Achten Sie besonders darauf, dass Sie den Punkte-Plan möglichst genau führen und dass Sie Ihrem Kind einen Punkt sofort und an Ort und Stelle geben, wenn es das vereinbarte Verhalten gezeigt hat.

Durchführungsdauer für den Punkte-Plan

Wenn Ihr Kind in der Regel alle Punkte erhält, der Punkte-Plan also erfolgreich läuft, können Sie die Anzahl der Punkte reduzieren. Konnte Ihr Kind z. B. bisher drei Punkte in der Situation „verdienen", reduzieren Sie dies auf einen einzigen Punkt. Jedoch sollten Sie dann auch die Anzahl der für die Sonderbelohnungen notwendigen Punkte der neuen Situation anpassen. Führen Sie den Punkte-Plan dann weiter fort. Überlegen Sie, wie lange das Problemverhalten schon besteht – entsprechend kann auch eine Verhaltensänderung nicht von heute auf morgen erfolgen. Ein Belohnungsplan sollte mindestens zwei bis drei Monate durchgeführt werden, bevor Sie ihn beenden können. Eine Methode, den Belohnungsplan zu beenden, ist, den Plan zunächst versuchsweise auszusetzen, mit dem Kind aber abzusprechen, dass Sie in zwei Wochen etwas Schönes unternehmen, wenn es weiterhin so gut läuft. Einige Belohnungspläne „schlafen" auch von alleine ein (Eltern und Kind „vergessen", die Punkte aufzuschreiben oder in Belohnungen umzutauschen) und das Verhalten bleibt weiterhin stabil positiv. Dies wäre ein guter Verlauf. Achten Sie darauf, auf jeden Fall von Zeit zu Zeit mit Ihrem Kind etwas Schönes zu machen, wenn die Dinge gut laufen, und ihm weiterhin viele positive Rückmeldungen zu geben!

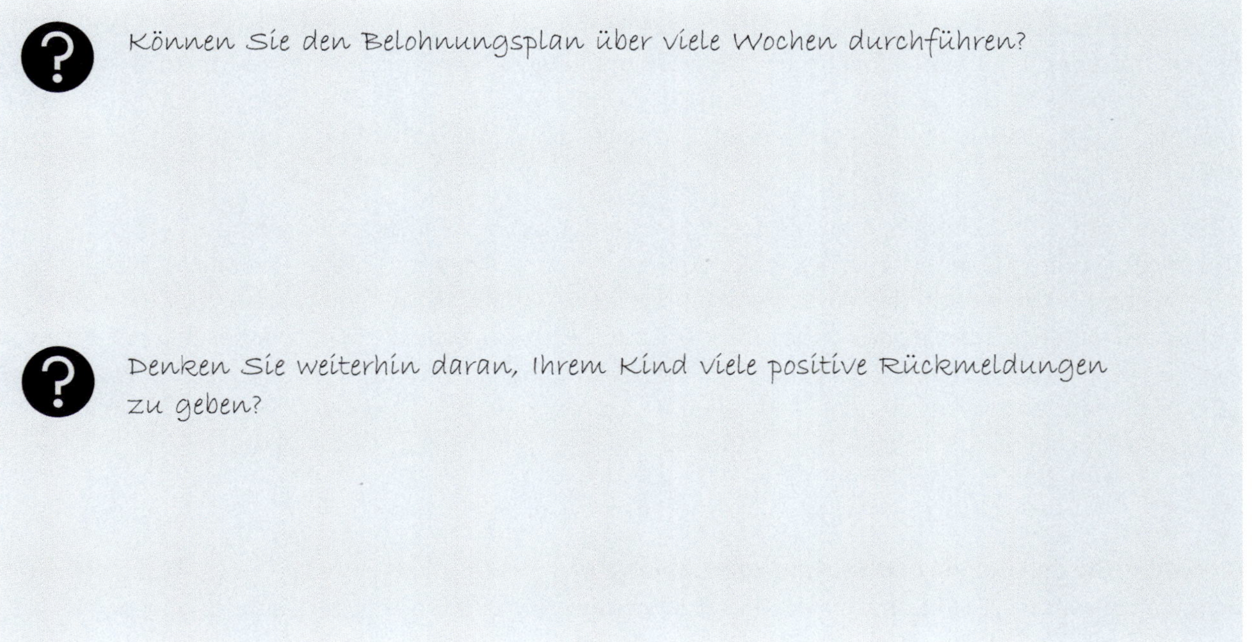

Teil 2: Der Wettkampf um lachende Gesichter

Jetzt stellen wir Ihnen noch den Wettkampf um lachende Gesichter vor. Während es beim Punkte-Plan um die Belohnung von angemessenen Verhaltensweisen ging, verbindet der Wettkampf um lachende Gesichter milde negative Konsequenzen bei Problemverhalten und positive Konsequenzen bei angemessenem Verhalten.

Der Wettkampf um lachende Gesichter eignet sich vor allem für problematische Verhaltensweisen von kurzer Dauer, die einzeln betrachtet möglicherweise nicht besonders belastend sind, jedoch sehr häufig auftreten. Beispiele sind ein häufiges Fluchen oder ständiges Aufstehen während des Mittagessens. Durch das häufige Auftreten können diese Problemverhaltensweisen dann doch sehr nervenaufreibend sein, sodass Sie diese dringend reduzieren möchten.

Die Vorbereitung des Wettkampfs um lachende Gesichter

1. Beschreiben Sie das problematische Verhalten Ihres Kindes, um welches gespielt werden soll, möglichst genau.

Ausgangspunkt ist wieder die Beschreibung des Problemverhaltens. Bei diesem Plan können Sie auch mit einem für Sie sehr schwierigen Problemverhalten beginnen, wenn Sie möchten, da Sie hier die Möglichkeit haben, dem Kind jeweils kleine und kurze negative Konsequenzen zu setzen. Leichter wäre es aber auch hier, wenn Sie zunächst mit einem etwas kleineren Problem anfangen. Sie können für die Auswahl des Problemverhaltens wieder *Arbeitsblatt 3: Problemliste – Verhaltensprobleme meines Kindes in der Familie* aus Baustein 1 zu Hilfe nehmen. Wählen Sie für diesen „Wettkampf" möglichst ein Problemverhalten aus, das Ihr Kind innerhalb einer bestimmten Situation oder zu einer bestimmten Tageszeit oft zeigt. Beschreiben Sie im nächsten Schritt möglichst genau, welches Problemverhalten das Kind immer wieder zeigt, z. B. „entreißt dem kleinen Bruder Spielzeug" oder „schubst/schlägt den Bruder", „steht beim Essen einfach auf", „gebraucht Schimpfworte", „stört beim Telefonieren". Auch hier ist es manchmal sinnvoll, komplexere Probleme in einzelne Probleme zu unterteilen. Bei dem Problem „stört seine Mutter beim Telefonieren" könnten Sie beispielsweise schreiben: „1. betritt das Zimmer, in dem die Mutter telefoniert; 2. spricht die Mutter direkt an, während diese telefoniert". Es hat sich bewährt, zu Beginn höchstens zwei verschiedene Verhaltensprobleme (z. B. Fluchen und lautes Schreien, Geschwister ärgern), die innerhalb einer Situation im Tagesablauf auftreten, für den Wettkampf um lachende Gesichter auszuwählen. Formulieren Sie das Problem so, dass auch Ihr Kind genau weiß und versteht, was gemeint ist, und nutzen Sie keine ungenauen Beschreibungen. Eine genaue Beschreibung des problematischen Verhaltens ist für den späteren Punkteentzug sehr wichtig.

Tragen Sie die Verhaltensprobleme, die verändert werden sollen, auf dem *Arbeitsblatt 8: Wettkampf um lachende Gesichter (Spielregeln)* ein, z. B. „Schimpfwörter sagen" oder „Aufstehen bei den Mahlzeiten". Sie haben auf dem Arbeitsblatt die Möglichkeit, bis zu sechs Verhaltensprobleme einzutragen – in der Regel ist es aber günstiger, weniger Verhaltensweisen zu notieren, zu Beginn wie geschildert höchstens zwei. Wenn Sie wenige konkret definierte Verhaltensweisen vereinbaren, die Ihr Kind während der Spielzeit nicht zeigen soll, fällt es Ihrem Kind auch leichter, sich an die vereinbarten Regeln zu halten. Wir haben Ihnen einmal beispielhaft mögliche Spielregeln für den Wettkampf um lachende Gesichter aufgeschrieben (siehe Abbildung 12).

2. Wählen Sie den Beginn und das Ende der „Spielzeit".

Schätzen Sie einmal, wie häufig in etwa das problematische Verhalten üblicherweise in der von Ihnen gewählten Situation auftritt. Beim „Wettkampf um lachende Gesichter" stehen für jede „Spielzeit" zehn Gesichter zur Verfügung. Wählen Sie den Beginn und das Ende der „Spielzeit“ so, dass Ihr Kind auch eine gute und realistische Chance hat, lachende Gesichter für sich zu gewinnen. Dies ist der Fall, wenn das Problemverhalten innerhalb der als „Spielzeit“ definierten Zeit in der Regel nicht häufiger als zehnmal auftritt. Tritt das problematische Verhalten üblicherweise deutlich seltener auf, ist es möglicherweise sinnvoll, von vornherein um weniger als zehn Gesichter zu spielen. Für die „Spielzeit“ sind besonders konkret umschriebene und nicht zu lange Zeitabschnitte geeignet, z. B. eine Mahlzeit oder die Stunde direkt nach der Rückkehr aus der Schule. Notieren Sie den Beginn und das Ende der „Spielzeit“ auf dem *Arbeitsblatt 8: Wettkampf um lachende Gesichter (Spielregeln).*

Arbeitsblatt 8 **Baustein 7**

Wettkampf um lachende Gesichter (Spielregeln)

Bei jedem Spiel wird um 10 Spielmarken gespielt.

Die Mutter oder der Vater malt in eine Spielmarke ein trauriges Gesicht, wenn:	Dauer des Spiels
1. *Lukas beim Essen aufsteht.*	
2. *Lukas beim Essen seinen Bruder tritt.*	
3. *Lukas beim Essen seinen Bruder beschimpft.*	
4.	
5.	
6.	

In alle Spielmarken, die am Ende übrig bleiben, darf ich lachende Gesichter malen. Sie gehören mir!

Ich darf meine Spielmarken eintauschen:

Anzahl der Punkte	können eingetauscht werden in:
6	1. *Eine kleine Süßigkeit*
7	2. *Ein Sammelbild*
7	3. *Ein Kartenspiel mit Mama oder Papa spielen*
10	4. *Eine Extra-Gute-Nacht-Geschichte*
15	5. *Eine Runde Fußball mit Papa spielen*
22	6. *Eine DVD ausleihen und mit Mama und Papa gemeinsam ansehen*
25	7. *Eis essen gehen*
30	8. *Schwimmen gehen*

Abbildung 12:
Ausgefülltes *Arbeitsblatt 8: Wettkampf um lachende Gesichter* (Spielregeln)

3. Erklären Sie Ihrem Kind die Spielregeln des Wettkampfes um lachende Gesichter.
Besprechen Sie mit Ihrem Kind, dass es Ihnen wichtig ist, einige Probleme zu lösen, durch die es immer wieder zu Konflikten kommt, und dass Sie dazu ein Spiel spielen möchten, nämlich den „Wettkampf um lachende Gesichter“. Erläutern Sie Ihrem Kind dann die Spielregeln zum Wettkampf um lachende Gesichter. Während jeder Spielzeit (zumeist einmal täglich) spielen Sie um zehn Gesichter. Diese Gesichter gehören zunächst niemandem. Sie als Eltern kennzeichnen immer dann ein Gesicht mit einem Stift für sich, wenn Ihr Kind innerhalb der Spielzeit das vorher vereinbarte problematische Verhalten zeigt. Sie können dazu einen neutralen oder traurigen Mund in die Gesichter zeichnen. Alle Gesichter, die am Ende der Spielzeit noch übrig sind, darf Ihr Kind als lachende Gesichter in seiner Farbe anmalen.

4. Legen Sie gemeinsam mit Ihrem Kind eine Wunschliste für Sonderbelohnungen an.
Legen Sie gemeinsam mit Ihrem Kind eine Wunschliste für Sonderbelohnungen an. Bitte lesen Sie dieses Vorgehen unter *Teil 1: Der Punkte-Plan* (Seite 126) nach, da sich diese beiden Vorgehensweisen entsprechen.

Wunschliste für Sonderbelohnungen:

1.

2.

3.

4.

5.

6.

7.

8.

9.

10.

5. Bestimmen Sie die Anzahl der lachenden Gesichter, die für die Sonderbelohnungen notwendig sind.
Suchen Sie nun gemeinsam mit Ihrem Kind die Sonderbelohnungen aus, die es später gegen seine gewonnenen Gesichter eintauschen darf. Wie beim Punkte-Plan ist es auch hier wieder wichtig, dass sowohl kleinere als auch etwas größere Sonderbelohnungen auf Ihrer Liste stehen. Wählen Sie mindestens vier verschieden große Belohnungen aus. Legen Sie im Anschluss gemeinsam mit Ihrem Kind fest, wie viele lachende Gesichter es für die jeweiligen Belohnungen eintauschen muss. Schreiben Sie die Sonderbelohnungen und die dafür notwendige Punktzahl auf das *Arbeitsblatt 8: Wettkampf um lachende Gesichter (Spielregeln)*.

Wie viele lachende Gesichter können in welche Belohnung umgetauscht werden?

Die Durchführung des Wettkampfes um lachende Gesichter

1. Befestigen Sie den Spielplan (Arbeitsblatt 9) mit den lachenden Gesichtern an einer gut sichtbaren Stelle in der Wohnung.

Der Spielplan sollte am besten in dem Zimmer aufgehängt werden, in dem die Situation stattfindet, in der der Wettkampf um lachende Gesichter gespielt wird. Häufig eignet sich beispielsweise die Kinderzimmer-, Badezimmer- oder Küchentür. Manchen Kindern ist es unangenehm, wenn auch Besucher den Spielplan für den Wettkampf um lachende Gesichter einsehen können. Entscheiden Sie daher gemeinsam mit Ihrem Kind, an welcher Stelle der Spielplan angebracht werden soll. Wenn Ihr Kind nicht möchte, dass der Spielplan auch für Besucher sichtbar ist, können Sie ihn beispielsweise an der Innenseite einer Schranktür anbringen und diese Tür dann während der Spielzeiten öffnen. Sie können das *Arbeitsblatt 9: Wettkampf um lachende Gesichter (Spielplan)* als Kopiervorlage nutzen bzw. mehrfach ausdrucken, um den Wettkampf über eine längere Zeit durchführen zu können. Alternativ können Sie natürlich auch – vielleicht auch gemeinsam mit Ihrem Kind – einen eigenen Spielplan gestalten.

Wo wollen Sie den Spielplan für den Wettkampf um lachende Gesichter aufhängen?

2. Erinnern Sie Ihr Kind an den Wettkampf.

Erinnern Sie Ihr Kind vor der entsprechenden Situation an den Wettkampf und ermutigen Sie es, sich anzustrengen, um möglichst viele der lachenden Gesichter für sich zu gewinnen.

3. Markieren Sie sich sofort ein Gesicht, wenn Ihr Kind eines der in den Spielregeln festgelegten Verhaltensprobleme zeigt.

Sagen Sie Ihrem Kind, dass jetzt ein Gesicht Ihnen gehört, wann immer Ihr Kind eines der in den Spielregeln vereinbarten Verhaltensprobleme während der „Spielzeit" zeigt. Kennzeichnen Sie dieses Gesicht sofort in Ihrer Farbe bzw. mit einem „traurigen" oder „neutralen" Gesicht (Mundwinkel nach unten oder gerade) auf dem Spielplan. Verwenden Sie dabei einen möglichst neutralen Ton und achten Sie darauf, dies nicht in einer strafenden oder tadelnden Weise zu tun! Machen Sie Ihrem Kind Mut, indem Sie es auf die vielen noch nicht verteilten Gesichter hinweisen, und ermutigen Sie es, sich weiter anzustrengen.

4. Besprechen Sie am Ende der Spielzeit mit Ihrem Kind das Ergebnis des Wettkampfes um lachende Gesichter.

Wenn die Spielzeit beendet ist, darf Ihr Kind zunächst alle Gesichter, die noch übrig sind, als lachende Gesichter in seiner Farbe markieren. Zählen Sie dann gemeinsam, wie viele Gesichter Sie bekommen haben und wie viele Ihr Kind bekommen hat. Fragen Sie Ihr Kind, welche Belohnung es für seine Gesichter eintauschen möchte, oder besprechen Sie mit ihm, wann es eine Belohnung bekommen kann, wenn es weiterhin so gut läuft. Natürlich hat Ihr Kind auch die Möglichkeit, seine Gesichter zu „sparen" und später gegen eine größere Belohnung einzutauschen. Loben Sie Ihr Kind bei dieser Besprechung noch einmal für seine Erfolge! Falls es einmal nicht so gut gelaufen sein sollte, machen Sie Ihrem Kind Mut für den nächsten Wettkampf. Es kann sinnvoll sein, auch Ihren Partner/Ihre Partnerin in die Besprechung einzubeziehen, damit Ihr Kind ihm/ihr anhand des Spielplans zeigen kann, wie gut es sich an die vereinbarten Regeln halten konnte. Wenn nicht anders möglich, können Sie dieses Gespräch auch zu einem späteren Zeitpunkt führen.

Wann haben Sie Gelegenheit, noch einmal über den Wettkampf um lachende Gesichter zu sprechen?

5. Halten Sie sich streng an die Spielregeln!

Für das Gelingen des Wettkampfes um lachende Gesichter ist es sehr wichtig, dass Sie sich nur dann ein Gesicht markieren, wenn das vereinbarte Problemverhalten innerhalb der festgelegten Spielzeit auftritt. Auf keinen Fall sollten Sie ein Gesicht für sich kennzeichnen, wenn Ihr Kind dieses Verhalten außerhalb der Spielzeit zeigt. Auch für neue, nicht vorher festgelegte Verhaltensprobleme, die Ihr Kind während der Spielzeit zeigt, dürfen Sie kein Gesicht für sich ankreuzen. Der „Wettkampf um lachende Gesichter" ist eine gegenseitige Vereinbarung zwischen Ihnen und Ihrem Kind. Damit der Wettkampf erfolgreich sein kann, muss Ihr Kind sich darauf verlassen können, dass Sie sich an die zuvor besprochenen Abmachungen halten. Ganz wichtig ist auch, dass Ihr Kind versteht, welches Problemverhalten genau Sie meinen, das es nicht zeigen darf. Wenn es Ihnen nach einigen Tagen oder Wochen sinnvoll erscheint, können Sie den Spielplan natürlich verändern und neue Spielregeln einführen. Falls Sie sich dazu entscheiden, sollten Sie dies jedoch mit Ihrem Kind in Ruhe und genau vorher besprechen und begründen. Tun Sie dies auf keinen Fall während der Spielzeit, d. h. während der Wettkampf um lachende Gesichter gerade läuft!

6. Tauschen Sie die lachenden Gesichter in Sonderbelohnungen ein.

Ihr Kind kann sich selbst aussuchen, welche Sonderbelohnungen es für seine gewonnenen lachenden Gesichter erhalten möchte. Hat Ihr Kind eine Sonderbelohnung bekommen, sollten Sie die dafür eingetauschten lachenden Gesichter auf dem Spielplan abhaken bzw. mit einem besonderen Zeichen markieren. Achten Sie darauf, Ihrem Kind die Sonderbelohnung auf jeden Fall zu geben, wenn es genug lachende Gesichter dafür hat. Ihr Kind hat sich große Mühe gegeben und hat sich diese Sonderbelohnung verdient! Natürlich kann es sein, dass Sie eine Sonderbelohnung nicht direkt geben können (z. B. schwimmen gehen). Legen Sie in einem solchen Fall mit Ihrem Kind gemeinsam genau fest, wann es die Sonderbelohnung erhalten kann (möglichst noch in der gleichen Woche).

7. Keine zu hohen Erwartungen!

Erwarten Sie nicht, dass Ihr Kind von Beginn an alle Gesichter gewinnen wird. Nach unserer Erfahrung bekommen die meisten Kinder allerdings in den ersten Wochen fast die Hälfte aller möglichen Gesichter. Das ist schon ein sehr großer Fortschritt! Sollte Ihr Kind innerhalb der ersten drei Tage kein einziges Gesicht für sich verdienen, wurde in der Regel ein Fehler bei der Entwicklung des Spielplanes gemacht. Dann ist es wichtig, die Spielregeln möglichst schnell anzupassen. Machen Sie sich gemeinsam mit Ihrem Kind Gedanken, weshalb es nur so wenige oder gar keine Gesichter gewinnt! Ist es zu schwer, die Gesichter zu bekommen? Findet es die Belohnungen nicht attraktiv genug? Oder hat Ihr Kind vielleicht den Eindruck, dieses „Spiel“ sei ein reines Bestrafungsinstrument?

8. Aller Anfang ist schwer!

Der Wettkampf um lachende Gesichter mag zwar wie eine recht einfache Maßnahme aussehen, stellt sich aber oft als anstrengender heraus als zunächst vermutet. Denn er verlangt sowohl von Ihrem Kind als auch von Ihnen selbst eine deutliche Veränderung des bisher gewohnten Verhaltens. Denken Sie daran, sich möglichst genau an die Spielregeln zu halten. Markieren Sie sich sofort ein Gesicht, wenn Ihr Kind das vereinbarte Problemverhalten zeigt. Meist ergeben sich bereits in der ersten Woche Verbesserungen durch einen Wettkampf um lachende Gesichter. Sollte Ihr Kind innerhalb der ersten drei Tage keine lachenden Gesichter erhalten, überlegen Sie, ob entweder die Anzahl der vorgegebenen Gesichter zu gering oder die Sonderbelohnungen nicht interessant genug sind. Passen Sie in einem solchen Fall den Wettkampf um lachende Gesichter entsprechend an. Auch, wenn Sie sehr gute Erfolge mit dem Wettkampf um lachende Gesichter erzielen, ist es wichtig, dass Sie ihn einige Wochen gleichbleibend durchführen, damit sich das erwünschte Verhalten Ihres Kindes festigen kann.

Durchführungsdauer für den Wettkampf um lachende Gesichter

Wenn Sie mit dem Wettkampf um lachende Gesichter gute Erfolge verzeichnen und Ihr Kind kaum noch Gesichter „verliert“, können Sie auch zu einem Punkte-Plan (siehe Teil 1 in diesem Baustein) übergehen. Vereinbaren Sie dann beispielsweise mit Ihrem Kind, dass es für die gesamte Zeit einen Punkt bekommen kann, wenn es sich während der Spielzeit gut verhalten hat (d. h., dass das Problemverhalten in dieser Situation nur einmal aufgetreten ist) und eventuell zwei Punkte, wenn es sich „super“ verhalten hat (d. h., dass es das Problemverhalten kein einziges Mal gezeigt hat). Wenn Sie den Wettkampf um lachende Gesichter in einen Punkte-Plan überführen, sollten Sie jedoch auch die Punktzahlen für die Sonderbelohnungen neu festlegen, da Ihr Kind jetzt wesentlich weniger Punkte „verdienen“ kann. Der Belohnungsplan sollte mindestens zwei bis drei Monate erfolgreich laufen, bis er abgesetzt werden kann.

Können Sie den Belohnungsplan über viele Wochen durchführen?

Beide Belohnungspläne erfordern von Ihnen Kraft und Energie. Daher ist es günstig, wenn Sie einen Belohnungsplan nicht unbedingt in einer sehr unruhigen Phase beginnen. Manchmal kann es aber sein, dass eine unruhige Phase auf die andere folgt, sodass man den Eindruck gewinnt, dass nie der richtige Zeitpunkt für einen Belohnungsplan kommt. In einem solchen Fall sollten Sie vermehrt darauf achten, die Stärken Ihres Kindes zu fördern und seine Energie zu kanalisieren (Baustein 3). Im folgenden Baustein 8 werden wir uns damit beschäftigen, wie Sie selbst Kraft sammeln können. Auch dies kann vor dem Einsatz eines Belohnungsplans sinnvoll sein. Wir wünschen Ihnen viel Erfolg mit Ihrem Belohnungsplan! Sollten Sie an einem Tag einmal nicht dazu kommen, den Punkte-Plan oder den Wettkampf um lachende Gesichter durchzuführen, greifen Sie ihn sobald wie möglich wieder auf. Nach unseren Erfahrungen zahlt sich der Aufwand an dieser Stelle sehr aus. Immerhin werden Sie mit weniger Konflikten belohnt!

Arbeitsblatt 5 Baustein 7

Mein Punkte-Plan (Spielregeln)

Ich erhalte Klebebilder/Punkte, wenn ich es schaffe, folgende Regeln einzuhalten:

Regeln	Anzahl der Punkte
1.	
2.	
3.	
4.	
5.	
6.	
7.	
8.	

Ich darf meine Klebebilder/Punkte eintauschen:

Anzahl der Punkte	können eingetauscht werden in:
	1.
	2.
	3.
	4.
	5.
	6.
	7.
	8.

Arbeitsblatt 6 Baustein 7

Meine Punkte-Schlange

Arbeitsblatt 7

Mein Punkte-Konto

Baustein 7

Regel	Montag	Dienstag	Mittwoch	Donnerstag	Freitag	Samstag	Sonntag

Arbeitsblatt 8 **Baustein 7**

Wettkampf um lachende Gesichter (Spielregeln)

Bei jedem Spiel wird um 10 Spielmarken gespielt.

Die Mutter oder der Vater malt in eine Spielmarke ein trauriges Gesicht, wenn:	Dauer des Spiels
1.	
2.	
3.	
4.	
5.	
6.	

In alle Spielmarken, die am Ende übrig bleiben, darf ich lachende Gesichter malen. Sie gehören mir!

Ich darf meine Spielmarken eintauschen:

Anzahl der Punkte	können eingetauscht werden in:
	1.
	2.
	3.
	4.
	5.
	6.
	7.
	8.

Arbeitsblatt 9 | Baustein 7

Wettkampf um lachende Gesichter (Spielplan)

Datum des Spielbeginns: Spieler 1: Spielmarke

Dauer des Spiels: Spieler 2: Spielmarke

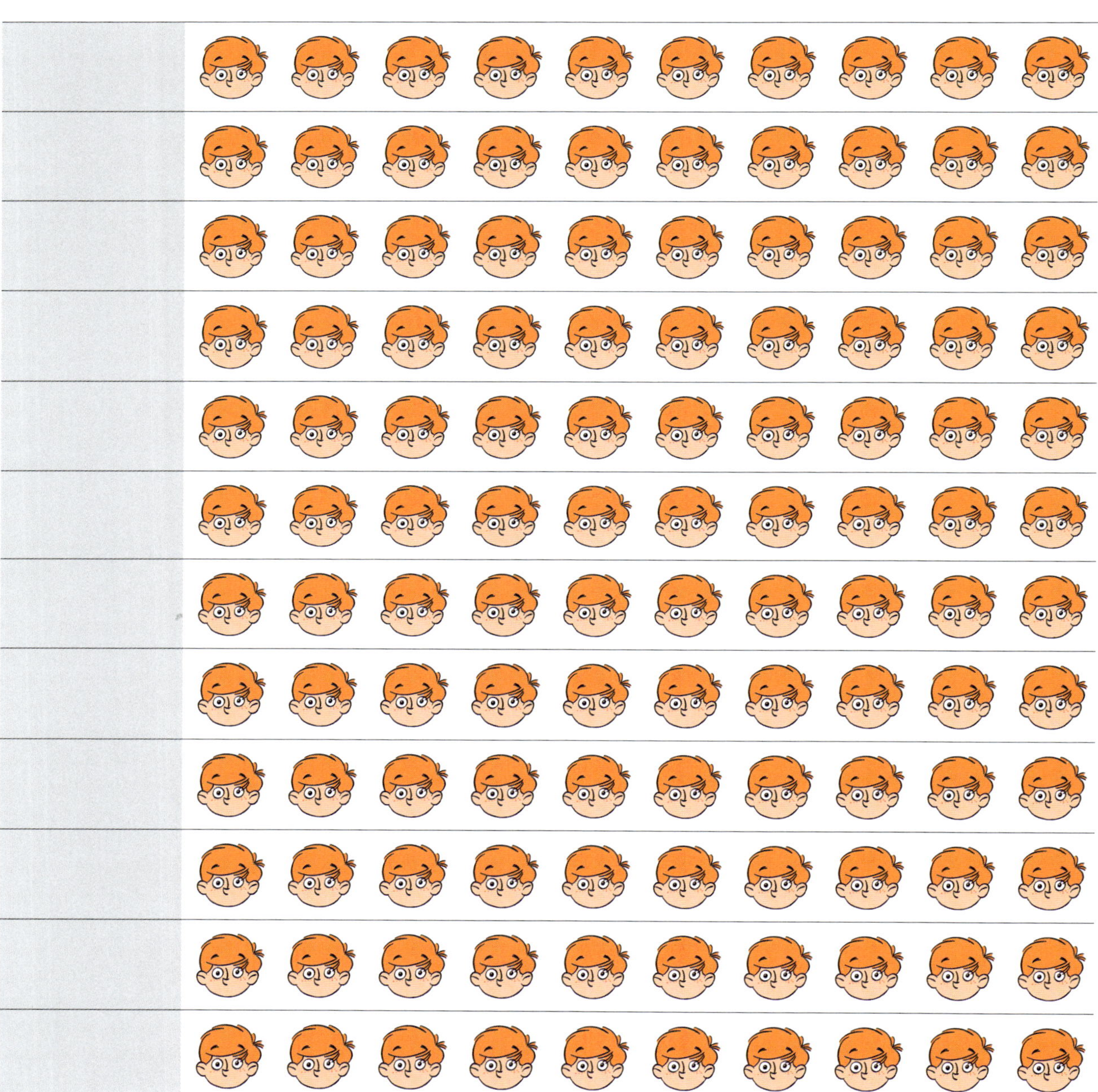

Baustein 8

Tagesstrukturen sowie Freizeitgestaltung des Kindes überdenken und selbst auftanken

Materialien zum Baustein 8
Arbeitsblatt 10: Mein Wochenplan – aktuell
Arbeitsblatt 11: Mein Wochenplan – wie er sein soll
Arbeitsblatt 12: Liste positiver Aktivitäten
Memokarte 6: Führen von Konfliktgesprächen

→ Sie finden die Materialien am Ende des Bausteins (s. Seite 161) und als PDF-Download (s. Seite 168).

Kennen Sie das?

Lukas' Mutter weiß oft nicht mehr weiter oder fühlt sich völlig überfordert. Obwohl Sie sich große Mühe gibt, den Alltag gut zu strukturieren, geraten die Abläufe immer wieder durcheinander. Termine knubbeln sich, sie hetzt nur von einem Ort zum nächsten und Lukas stellt ständig Blödsinn an, sobald er einmal keine geregelte Beschäftigung hat. So hatte seine Mutter sich das Leben mit einem Kind und ihr Familienleben wirklich nicht vorgestellt. Sie hat das Gefühl, ständig in „Hab-Acht-Stellung" zu sein. Entweder muss sie Lukas ermahnen, etwas bei ihm durchsetzen, etwas verhindern oder ihn gegenüber fremden Personen oder sogar gegenüber der eigenen Familie verteidigen.

Häufig hat Lukas' Mutter das Gefühl, dass sich ihr ganzes Leben nur noch um Lukas dreht. Für sich selbst, ihre Arbeit und ihre Hobbys hat sie gar keine Zeit mehr. Häufig scheint sie allem hinterherzulaufen und doch nichts richtig zu schaffen. Schon sehr lange hat sie sich nicht mehr mit ihren alten Freundinnen getroffen. Auch für Telefonate hat sie wenig Zeit, und diese werden auch oft durch Lukas unterbrochen. Ihre Familie wird auch kaum noch von jemandem eingeladen. Kein Wunder: bei ihrem letzten Besuch bei einer Freundin hat Lukas dort ein ganzes Regal ausgeräumt.

Oft fühlt sie sich sehr allein, wie eine Einzelkämpferin in ihrem anstrengenden Alltag mit Lukas, und hat das Gefühl, selbst völlig zu kurz zu kommen.

Ist das bei Ihnen manchmal auch so?

Was wollen wir in diesem Baustein erreichen?

Liebe Eltern!

In den letzten Bausteinen haben wir Ihnen einige Maßnahmen vermittelt, die Ihnen dabei helfen können, schwierige Situationen mit Ihrem Kind besser in den Griff zu bekommen. Durch mehr positive Zeiten, klare Regeln, wirkungsvolle Aufforderungen und natürliche positive wie negative Konsequenzen sollen Sie Konfliktsituationen reduzieren und die gemeinsame Zeit wieder mehr genießen können. Auch Punkte-Pläne haben wir Ihnen vorgestellt. Uns ist bewusst, dass die von uns vorgeschlagenen Maßnahmen viel Kraft, Energie und Durchhaltevermögen von Ihnen erfordern und die Umsetzung der Tipps zunächst sehr anstrengend sein kann, bevor sich Erfolge einstellen.

Wie anstrengend empfinden Sie die Erziehung Ihres Kindes, was ist besonders kräftezehrend?

In den letzten Wochen haben Sie durch die Arbeit mit diesem Arbeitsbuch viel Zeit, Energie und Kraft investiert, um Ihr Kind beim Umgang mit seinen Verhaltensproblemen zu unterstützen und auch Ihr Familienleben konfliktfreier zu gestalten. Auch wenn vielleicht einige Dinge noch nicht so klappen, wie Sie es sich wünschen, können Sie stolz sein auf das, was Sie schon erreicht haben! Vielleicht denken Sie: „Nein, das würde doch jede Mutter/jeder Vater tun, und das ist doch selbstverständlich!" Überlegen Sie sich dann einmal, welche Veränderungen Sie in den vergangenen Wochen bereits erreicht haben und wie viel Engagement und Energie Sie in diese Veränderungen investiert haben ... Darauf können und sollten Sie stolz sein! Es ist wichtig, auch seine eigene Leistung wertschätzen zu können!

Welche Veränderungen haben Sie in den letzten Wochen schon umsetzen können? Denken Sie daran und seien Sie stolz darauf! Vielleicht gönnen Sie sich etwas oder tun sich etwas Gutes!

In diesem Baustein möchten wir nun mit Ihnen verschiedene Themen ansprechen, die Ihnen helfen können, den Alltag strukturierter und angenehmer zu gestalten. Er ist in drei Teile gegliedert.

In Teil 1 wollen wir mit Ihnen Ihre Tages- und Wochenstruktur überdenken und ggf. optimieren. Wir möchten mit Ihnen besprechen, wie Sie es schaffen können, Stresszeiten in Ihrem Alltag zu reduzieren.

In Teil 2 geht es darum, sich noch einmal über die Freizeitgestaltung Ihres Kindes Gedanken zu machen. Bei der Freizeitgestaltung spielt das Thema Medien heute in der Erziehung bei fast allen Kindern, besonders aber bei Kindern mit ADHS, eine große Rolle und führt häufig zu Konflikten oder ungünstigen Entwicklungen. Mit Medien meinen wir hier Computer, Spielekonsolen, Tablets, Smartphones und auch das Fernsehen. Da dieses Thema oft viele schwierige Erziehungssituationen mit sich bringt, wollen wir Ihnen in diesem Baustein Tipps geben, wie Sie Ihrem Kind helfen können, einen sinnvollen Umgang mit Medien zu lernen. Weiterhin besprechen wir, wie Sie Ihr Kind günstig zu einer eigenen Beschäftigung anleiten und sozial noch besser integrieren können. Hierbei gehen wir auf das Thema Freundschaften ein und darauf, wie Sie Streit zwischen Kindern (Freunden oder Geschwistern) schlichten können.

Teil 3 beschäftigt sich mit dem Thema „Auftanken und sich selbst nicht vergessen". Dabei geht es darum, wie Sie es schaffen können, in Ihrem Leben sich selbst und Ihre eigenen Bedürfnisse wieder mehr zu beachten.

Das kann Ihnen helfen!

Teil 1: Überdenken Sie Ihre Tages- und Wochenstruktur

1. Erstellen Sie einen Plan über Ihre typische Tages- und Wochenstruktur.
Nehmen Sie das *Arbeitsblatt 10: Mein Wochenplan – aktuell* zur Hand und erstellen Sie einen typischen Wochenablauf. Streichen Sie die Phasen in der Woche, die Sie als besonders belastend empfinden und in denen oft Engpässe entstehen, mit roter Farbe an. Markieren Sie danach die Phasen, in denen Sie sich besonders wohl und entspannt fühlen, mit Grün. Wann überwiegen welche Farben? Um Ihnen das Ausfüllen zu erleichtern, haben wir einen Wochenplan bereits beispielhaft ausgefüllt (siehe Abbildung 13).

Arbeitsblatt 10 Baustein 8

Mein Wochenplan – aktuell *(Beispiel)*

Uhrzeit	Montag	Dienstag	Mittwoch	Donnerstag	Freitag	Samstag	Sonntag
6:00							
7:00			Kinder müssen in die Schule, Eltern zur Arbeit, die Zeit drängt				
8:00							Kinder können ruhiger starten – entspannterer Morgen!
9:00							
10:00			Schule/Arbeit			Wocheneinkauf, Haushalt, der in der Woche liegen geblieben ist	
11:00							
12:00							
13:00			Kinder kommen aus der Schule, kochen, Haushalt, Kinder machen Hausaufgaben				
14:00							
15:00							Schöne Familienaktivität!
16:00		Lukas ist beim Fußball, Lena beim Turnen		Lukas ist beim Fußball, Lena beim Tanzen			
17:00							
18:00							
19:00		Kinder müssen ins Bett gehen und möchten nicht; Eltern sind sowieso schon müde vom Tag					Kindern fallen oft noch letzte Hausaufgaben ein, Kinder müssen wegen Schule wieder früher ins Bett, sind nicht müde
20:00							
21:00		Geschafft! Endlich ein bisschen Ruhe					
22:00							

Abbildung 13:
Ausgefülltes *Arbeitsblatt 10: Mein Wochenplan – aktuell*

Wie sieht Ihr Wochenplan aus?

2. Bauen Sie klare Tages- und Wochenstrukturen auf.

Feste Strukturen zu entwickeln, ist nicht immer einfach. Gerade vielen Eltern von Kindern mit ADHS fällt dies schwer. Das liegt in der Natur der Sache: Die Kinder machen es einem da nicht leicht. Manche Eltern von Kindern mit ADHS haben zudem ähnliche Schwierigkeiten wie ihre Kinder. Auch für sich selbst fällt es ihnen schwer, klare Tagesabläufe aufzubauen. Auf der anderen Seite benötigen aber Kinder mit ADHS mehr Struktur in ihrem Tagesablauf als andere Kinder. Manche Konfliktsituation lässt sich durch feste Rituale und eine gute Zeitplanung vermeiden oder zumindest abmildern. Mögliche Orientierungshilfen für Ihr Kind können beispielsweise feste Essenszeiten, Zubettgehrituale oder Spaß- und Spielzeiten sein. Notieren Sie auf dem *Arbeitsblatt 11: Mein Wochenplan – wie er sein soll*, was wann idealerweise stattfinden soll. Beginnen Sie damit, wann welche Mahlzeit eingenommen wird, wann Ihr Kind aus der Schule kommt, wann Ihr Kind ins Bett geht und so weiter. Tragen Sie ruhig die Spaß- und Spielzeiten oder die kleinen positiven Zeiten ein, die Sie mit Ihrem Kind vereinbart haben. Auch Ihre regelmäßigen Termine wie z. B. Fußballtraining oder Ähnliches sollten Sie aufschreiben.

Welche festen Strukturen sollte Ihr Wochenplan haben?

3. Entzerren Sie die Phasen, in denen es eng wird, und bereiten Sie sich auf belastende und schwierige Phasen vor.

In manchen Tagesphasen passiert sehr vieles auf einmal, und sie sind daher besonders stressig. Denken Sie einmal darüber nach, inwieweit es Möglichkeiten gibt, solche Phasen zu entspannen. Gibt es Aufgaben, die Sie entzerren können? Gibt es einzelne Aufgaben, die Sie vielleicht sogar ganz wegstreichen können? Möglicherweise haben Sie etwa an jedem Nachmittag Termine mit Ihrem Kind oder auch Ihren anderen Kindern. Kann vielleicht ein Termin entfallen oder verschoben werden?

Welche Termine können Sie auch mal verschieben oder streichen?

Sicherlich wird es Situationen geben, die schwierig bleiben, auch wenn Sie große Anstrengungen unternommen haben, um sie zu entlasten oder zu entzerren. Versuchen Sie, sich auf solche Phasen gut vorzubereiten, indem Sie sie möglichst gut vorplanen. Ein Beispiel für die Morgensituation, die in vielen Familien oft stressig ist: Packen Sie schon abends gemeinsam mit Ihrem Kind seine Schultasche, legen Sie schon abends die Kleidung für den nächsten Tag heraus, decken Sie schon abends den Frühstückstisch und bereiten Sie alles so gut es geht vor. So haben Sie in der stressigen Zeit morgens etwas mehr Ruhe. Es hat sich bewährt, sich für solche schwierigen Phasen vorher eine Art Plan zu machen: Was muss getan werden? Was könnte ich vorher dafür schon vorbereiten? Sammeln Sie sich vor der jeweiligen Situation noch einmal kurz, indem Sie beispielsweise kräftig und tief mehrmals hintereinander ein- und ausatmen und dann gestärkt in die Situation gehen.

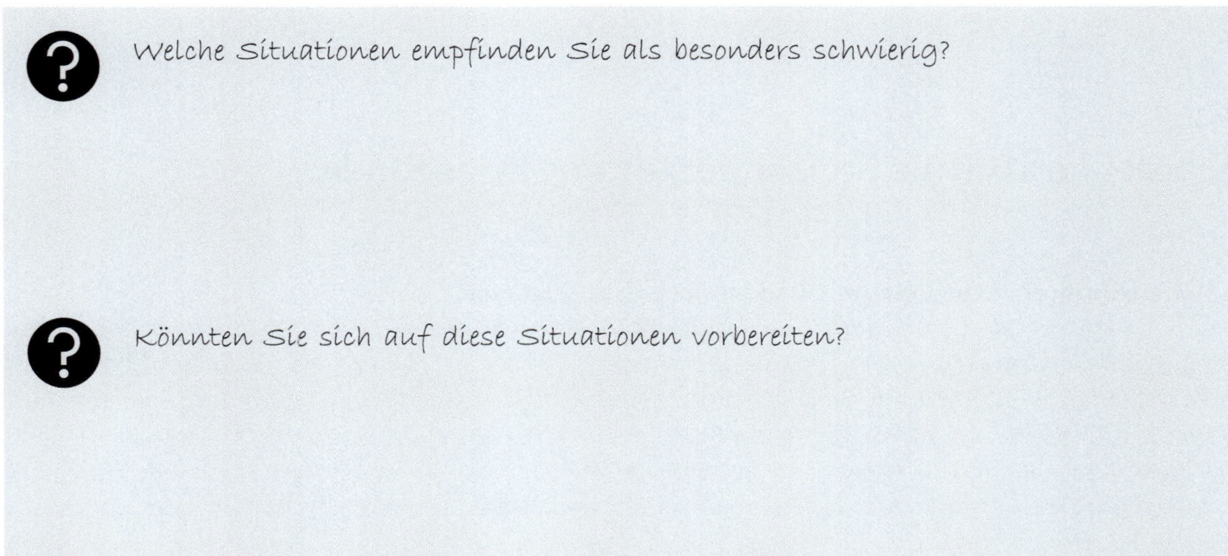

4. Besprechen Sie mit Ihrem Kind und der ganzen Familie Ihren Plan.
Besprechen Sie den Tages- und Wochenplan zunächst mit Ihrem Partner/Ihrer Partnerin. Erläutern Sie anschließend Ihrem Kind/Ihren Kindern den Plan. Vielleicht haben die Kinder auch noch weitere Ideen, was sie in den Plan eintragen möchten. Für viele Kinder ist es auch hilfreich, die verschiedenen Punkte durch Bilder, sogenannte Piktogramme, zu verdeutlichen, statt sie nur in den Wochenplan zu schreiben. Dies ermöglicht es den Kindern, einzelne Aktivitäten schneller zu erkennen. Ihr Kind kann durch den Plan lernen, selbstständiger zu werden! Wenn möglich, schauen Sie sich jeden Tag morgens den Plan mit Ihrem Kind gemeinsam an und gehen Sie die Termine durch, die heute anstehen – so kann Ihr Kind besser einschätzen, was wann passiert, und sich besser auf die verschiedenen Aktivitäten einstellen. Es ist günstig, wenn Sie Ihr Kind auch öfter allein auf dem Plan nachschauen lassen, was als Nächstes zu tun ist. So kann es lernen, einem Tag selbst Struktur zu geben. Durch die Wiederholung kleiner Abläufe in einer festen Struktur erfährt Ihr Kind, welche Abläufe zusammengehören und wie man sie sinnvoll ausführt.

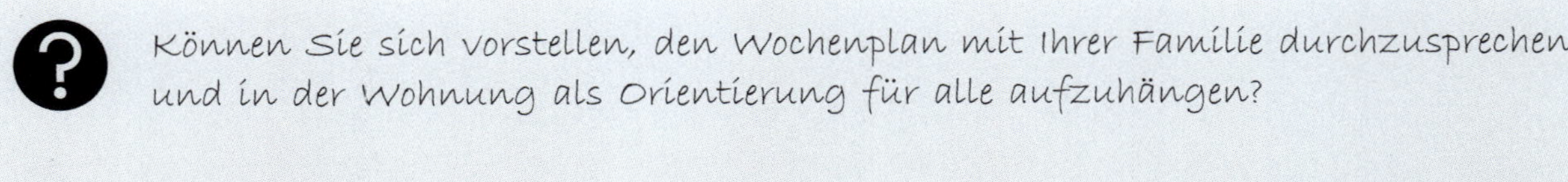

5. Passen Sie den Plan von Zeit zu Zeit an.

Wie Sie sicherlich bei der Bearbeitung dieses Bausteins bereits gemerkt haben, ist die Planung des Tagesablaufs ein nie abgeschlossener Prozess. Der Tagesplan muss ständig an das sich verändernde Leben angepasst werden. Überlegen Sie insbesondere, wenn belastende Situationen auftauchen, ob der geplante Tagesablauf vielleicht verändert werden muss. Natürlich können immer Sachen dazwischenkommen und Ideen verlorengehen. Dennoch kann ein Tagesplan nach unseren Erfahrungen eine große Unterstützung dabei sein, den Tag für alle Beteiligten einfacher und klarer werden zu lassen. Es ist schon viel gewonnen, wenn es Ihnen durch einen Tagesplan gelingt, manche Konfliktsituationen in einzelnen Tagesabschnitten zu reduzieren. Wenn die einzelnen Tagesabschnitte gut laufen, wirkt sich dies positiv sowohl auf Ihre eigene Laune als auch auf die Laune Ihres Kindes aus. Dies hat wiederum oft positive Auswirkungen auf den Rest des Tages. Planen Sie Ihre Pausen fest ein! Schaffen Sie sich dadurch, dass Sie freie Zeiträume erkennen, möglichen Platz für Ihre eigenen „Oasen“ der Ruhe (siehe auch Teil 3 in diesem Baustein).

Teil 2: Überdenken Sie die Freizeitgestaltung Ihres Kindes

1. Helfen Sie Ihrem Kind dabei, mit Medien sinnvoll umzugehen.

Aufgrund einer stetig wachsenden Anzahl an verführerischen Angeboten ist der Medienkonsum in allen Familien immer wieder ein Thema. Längst haben Kinder ergänzend zum Fernseher Zugang zu zahlreichen anderen Medien wie Computern, Spielekonsolen und tragbaren Minikonsolen, Tablets und Smartphones. Besonders für Kinder mit ADHS sind in der Regel alle Medien höchst attraktiv. Häufig reagieren jedoch auch gerade diese Kinder eher mit noch größerer Unruhe auf einen zu hohen Medienkonsum. Zudem ist es besonders wichtig, einen Überblick über die Inhalte der Medien zu behalten, die die Kinder nutzen.

Auf der anderen Seite können Kinder durch die neuen Medien auch viel lernen, und es ist günstig, wenn sie sich Kenntnisse im Umgang mit Medien aneignen, die sie in ihrem späteren Leben gut gebrauchen können. Ziel ist also nicht, die Kinder möglichst von den Medien fernzuhalten. Vielmehr sollten Sie zum einen darauf achten, die Zeiten des Medienkonsums sinnvoll einzuschränken, und zum anderen versuchen, das Interesse Ihres Kindes an Medien in vernünftige Bahnen zu lenken.

Zeigen Sie Ihrem Kind, wie es den Computer und das Internet sinnvoll nutzen kann. Sehen Sie sich beispielsweise gemeinsam Inhalte zu bestimmten Themen und Interessensgebieten für die Schule oder die Freizeit an. Wenn Ihr Kind ein neues Computerspiel spielt, lassen Sie sich dieses auch immer erst einmal von ihm erklären. So wissen Sie, was Ihr Kind spielt, und zeigen ihm gleichzeitig Ihr Interesse! Zeigen Sie Ihrem Kind im Internet Seiten wie zum Beispiel Wikipedia als Nachschlagewerk. Die Medien Computer und Internet werden längst auch in vielen Schulen thematisiert und verwendet, zum Beispiel über Mathe-Pirat (Aufgaben aus dem Bereich Mathematik) oder Antolin (Verständnisfragen zu gelesenen Büchern). Hier können Kinder ihr Wissen zeigen sowie Punkte und Urkunden für ihre Leistungen erhalten. Für beide Programme erfolgt die Anmeldung durch die Schulen. Hinterfragen Sie auch einmal Ihren eigenen Medienkonsum, und bedenken Sie, dass Sie eine wichtige Vorbildfunktion für Ihr Kind haben. Einen sinnvollen Umgang mit Medien lernen Kinder in erster Linie durch Vorleben.

Informationen zum Umgang mit Medien können Sie im Internet auf verschiedenen Seiten finden. An dieser Stelle können wir Ihnen nur einige Beispiele nennen.

Informationen zum Umgang mit Medien

- Die Seite **www.spielbar.de** stellt eine interaktive Plattform der Bundeszentrale für politische Bildung zum Thema Computerspiele dar. Diese Seite soll Eltern und pädagogisch Verantwortlichen eine Unterstützung beim Umgang mit Computerspielen bieten. Auf dieser Seite finden sich entsprechend Tipps und Materialien für den Alltag und die pädagogische Praxis.
- Das ComputerProjekt Köln e.V., ein Verein für Medien, Bildung und Kultur, gefördert vom Ministerium für Generationen, Familien, Frauen und Integration des Landes Nordrhein-Westfalen, betreibt die Seite **www.spieleratgeber-nrw.de.** Diese ist ein pädagogischer Ratgeber für Computer- und Konsolenspiele.
- Auch auf dem Internetauftritt der Bundesprüfstelle für jugendgefährdende Medien **(www.bundespruefstelle.de)** erhalten Sie weitergehende Informationen.

Welchen Umgang gibt es in Ihrer Familie mit Medien?

Welchen Umgang mit Medien wünschen Sie sich?

Für einen sinnvollen Umgang mit den Medien ist es auch wichtig, eine Tagesbeschränkung für die Medienzeit zu bestimmen. Dabei sollten Sie die Zeiten für alle unterschiedlichen Medien zusammenrechnen (zum Beispiel Fernsehen, Gameboy, Konsole, Computer, Tablet und Smartphone). Überlegen Sie gemeinsam mit Ihrem Kind, ob es die gesamte Medienzeit für einen Tag auf einmal und an einem Medium einlösen möchte oder ob es diese lieber in mehrere Einheiten aufteilen möchte. Besprechen Sie dabei mit Ihrem Kind genau, ob es später am Tag noch Medienzeit haben möchte, etwa weil noch seine Lieblingssendung läuft oder es noch mit einem Freund an der Konsole spielen möchte. Legen Sie dann die genaue Zeit fest, zu der das Medium, das Ihr Kind nutzen möchte, wieder ausgeschaltet werden muss. Für die Einteilung der Medienzeit können Sie auch „Spielchips" verwenden. Jeder Chip steht dann beispielsweise für 15 Minuten Medienzeit. Eine Möglichkeit ist, Ihrem Kind die Chips für alle Wochentage (Montag bis Freitag) auf einmal zu geben, sodass Ihr Kind sich diese dann selbst einteilen kann. Für andere Kinder ist es günstiger, wenn sie nur die Chips für den jeweiligen Tag erhalten. An dieser Stelle müssen Sie ausprobieren, was für Sie und Ihr Kind gut ist. Auch bei Regeln zum Umgang mit Medienzeiten sind Ausnahmen möglich. So können Sie beispielsweise vereinbaren, dass an Wochenenden mehr Chips zur Verfügung stehen oder dass an jedem Wochenende individuell entschieden wird, je nachdem, was am Wochenende noch an anderen Aktivitäten ansteht. In den meisten Familien sind am Wochenende längere Medienzeiten möglich als unter der Woche.

Kündigen Sie Ihrem Kind kurz vor Ende der Medienzeit (etwa 5 Minuten vorher) an, dass die Medienzeit gleich vorbei ist und es ausschalten muss. Erinnern Sie Ihr Kind daran, rechtzeitig zu speichern. Sagen Sie Ihrem Kind, dass das Gerät genau um die vereinbarte Zeit ausgemacht werden muss. Fordern Sie Ihr Kind nach Ablauf der Zeit auf, das Gerät auszuschalten. Kommt Ihr Kind dieser Aufforderung nicht direkt nach, zählen Sie leise bis fünf, wiederholen Sie Ihre Aufforderung und kündigen Sie an, das Gerät ansonsten selbst auszuschalten (oder gegebenenfalls den Stecker herauszuziehen). Zählen Sie erneut leise bis fünf und schalten Sie dann, falls nötig, das Gerät ab. Denken Sie daran, sich sofort bei Ihrem Kind zu bedanken oder es zu loben, wenn es das Gerät nach einer Ihrer Aufforderungen selbst ausgeschaltet hat.

Viele Eltern fragen sich, wie viel Medienzeit pro Tag ihr Kind in Anspruch nehmen sollte. Eine generelle, für alle Familien passende Aussage hierzu ist natürlich schwierig. Als Richtwerte werden von der Bundeszentrale für gesundheitliche Aufklärung aber folgende Zeiten empfohlen:

Alter des Kindes	Medienzeit für Hörmedien und andere Medien pro Tag
0 bis 3 Jahre	• höchstens 30 Minuten pro Tag Hörmedien (z. B. Musik-CDs oder Hörgeschichten) • andere Medien wie Fernsehen, Computer, Spielekonsolen, Tablets etc. am besten gar nicht
3 bis 6 Jahre	• höchstens 45 Minuten pro Tag Hörmedien • andere Medien wie Fernsehen, Computer, Spielekonsolen, Tablets etc. zusammen höchstens 30 Minuten pro Tag
6 bis 10 Jahre	• höchstens 60 Minuten pro Tag Hörmedien • andere Medien zusammen höchstens 45 Minuten pro Tag

Nach unseren Erfahrungen haben sich folgende Richtwerte für die Gesamtmedienzeit bewährt:

Alter des Kindes	Gesamtmedienzeit pro Tag
3 bis 5 Jahre	ungefähr 30 Minuten (meist Fernsehen)
6 bis 9 Jahre	ungefähr 60 bis 90 Minuten
10 bis 13 Jahre	ungefähr 90 bis 120 Minuten

Wenn die Kinder schon älter sind und ein eigenes Smartphone haben, sind die Absprachen oft schwierig, weil sie das Handy eigentlich immer bei sich haben und oft auch gar nicht für Spiele, sondern vor allem für sozialen Austausch nutzen, d. h. sie schreiben mit Freunden oder in Gruppen in sozialen Netzwerken (z. B. WhatsApp, Instagram oder Facebook). Da soziale Kontakte sehr wichtig sind, sollten diese Kontaktmöglichkeiten auch eher im Einzelfall betrachtet und etwas weniger beschränkt werden. Wichtig ist gerade dann, wenn Ihr Kind sein Handy immer bei sich hat (aber auch sonst), dass es auf jeden Fall auch immer wieder Tageszeiten gibt, an denen *keine* Medien genutzt werden, z. B. beim gemeinsamen Essen, während der Hausaufgaben oder wenn Schlafenszeit ist. Achten Sie hier vor allem auch auf Ihre Vorbildfunktion und nutzen Sie in dieser Zeit selbst keine Medien.

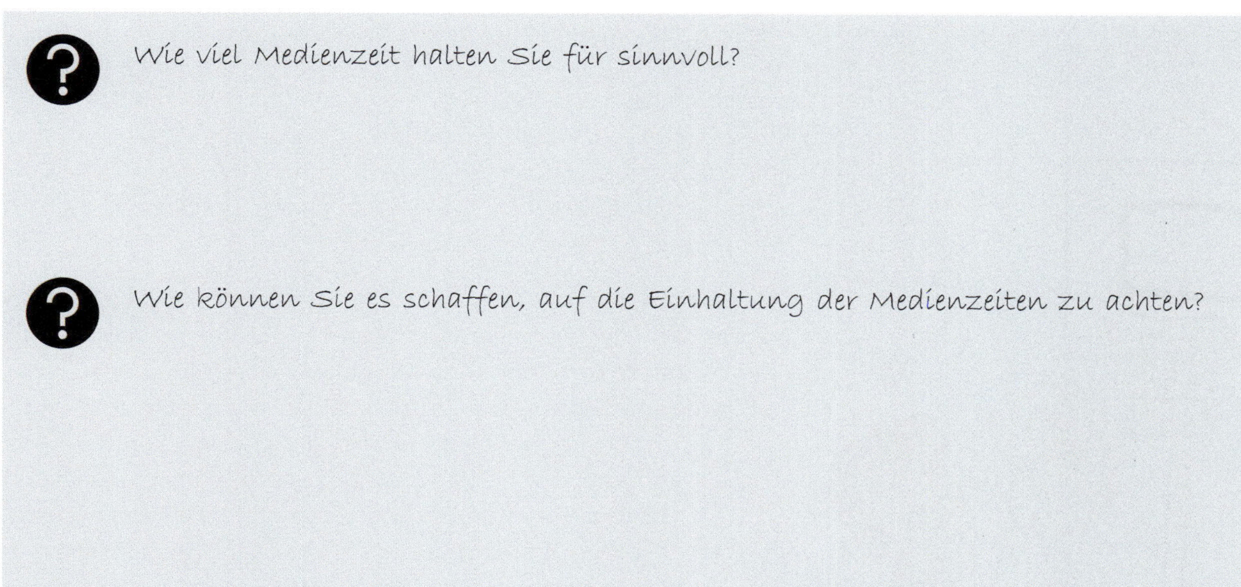

2. Leiten Sie Ihr Kind zu einer eigenen Beschäftigung an und bestärken Sie Ihr Kind, wenn es sich allein beschäftigt hat.

Kinder mit ADHS haben oft Schwierigkeiten, selbständig in eine Beschäftigung hinein- oder auch zu ihr zurückzufinden, wenn sie diese einmal unterbrochen haben. Dies gilt vor allem für jüngere Kinder mit ADHS. Oft brauchen diese Kinder eine Idee mit aktiver Anleitung, um eine selbstständige Beschäftigung zu beginnen oder auch beizubehalten. Wenn Ihr Kind gerade nicht beschäftigt ist oder sagt: „Mir ist langweilig“, überlegen Sie kurz gemeinsam mit ihm, was es machen könnte. Häufig ist es bei einem Kind mit ADHS je nach Alter allerdings nicht ausreichend, einfach eine Idee zu nennen. Stattdessen ist es günstig, gemeinsam mit dem Kind zum Spielmaterial (zum Beispiel zur Legokiste) zu gehen, sich kurz zu Ihrem Kind zu setzen und gemeinsam mit einigen Steinen mit dem Bauen zu beginnen. Vielleicht hat Ihr Kind nun schon eine eigene Idee, was es bauen will. Sonst können Sie ihm einen Vorschlag machen: „Bau doch einen Zoo mit Fantasietieren! Ich komm gleich wieder und schaue mir an, wie weit du schon gekommen bist.“ Lassen Sie nun Ihr Kind allein weiterspielen. Es hat sich bewährt, in dieser Zeit selbst einer Beschäftigung nachzugehen, die für das Kind auch deutlich als Aktivität erkennbar ist, wie zum Beispiel Wäscheaufhängen oder Bügeln. Dies erhöht die Wahrscheinlichkeit, dass Ihr Kind Sie nicht unterbricht. Beschäftigungen wie Zeitung lesen oder eine Tasse Kaffee trinken nehmen Kinder hingegen oft nicht als „richtige“ Beschäftigungen wahr und unterbrechen diese daher häufiger. Beginnen Sie damit, solche eigenen Beschäftigungen wie z. B. Bügeln zunächst nur für kurze Zeit (5 bis 10 Minuten) auszuüben. Wenn Ihr Kind sich mit der Zeit schon besser selbständig beschäftigen kann, können Sie diese Zeit langsam steigern.

Kann sich Ihr Kind gut alleine beschäftigen? Braucht es dabei Ihre Unterstützung?

3. Fördern Sie die Integration Ihres Kindes in eine Gruppe oder einen Verein.

Für Kinder ist es grundsätzlich vorteilhaft, wenn sie Gruppenzugehörigkeit neben der Schule auch in der Freizeit erfahren. Hier bieten sich natürlich verschiedenste Arten von Sportvereinen an, egal ob für Fußball, Handball, Basketball, Tischtennis, Tennis, Judo oder eine andere Sportart. Der Vorteil an solchen Sportvereinen ist, dass sie Ihrem Kind helfen können, seine Energien zu kanalisieren, und ihm zudem viele Erfolgserlebnisse vermitteln.

© Klaus Gehrmann

Wenn Ihr Kind kein Interesse an einem Sportverein hat oder auch nicht besonders sportlich ist, bieten sich Gruppen wie die freiwillige Feuerwehr, Pfadfinder und Gemeindegruppen der Jugendhilfe oder von Kirchen als Alternativen an. Gegenüber klassischen Sportvereinen sind diese Gruppen häufig noch stärker durch einen sozialen Zusammenhalt geprägt und fördern entsprechend soziale Interaktionen. Sorgen Sie, wenn irgend möglich, dafür, dass Ihr Kind in einem Verein oder in einer Gruppe aktiv ist. Nehmen Sie noch einmal Ihr *Arbeitsblatt 11: Mein Wochenplan – wie er sein soll* zur Hand und überlegen Sie, zu welchen Zeiten Ihr Kind an den Aktivitäten einer Gruppe oder eines Vereins teilnehmen könnte.

Ist Ihr Kind bereits in einem Verein? Welche Gruppe oder welchen Verein können Sie sich für Ihr Kind vorstellen?

4. Helfen Sie Ihrem Kind, Freundschaften aufzubauen und zu pflegen.

Kinder mit ADHS haben häufig Schwierigkeiten in Kontakten mit Gleichaltrigen. Es gelingt ihnen meist relativ gut, neue Spielkameraden kennenzulernen, jedoch fällt es ihnen oft schwer, Freundschaften auch aufrechtzuerhalten. Entsprechend benötigen viele Kinder mit ADHS mehr Unterstützung als andere Kinder darin, Freundschaften zu pflegen. Sollte es Ihrem Kind schwerfallen, sich selbständig zu verabreden, schlagen Sie selbst ein Treffen vor, wenn Sie mitbekommen, dass Ihr Kind auf dem Spielplatz oder Schulhof mit einem anderen Kind spielt. Dabei ist oft ein Vorschlag für den gleichen Nachmittag günstig: „Jonas, du kannst gern noch etwas mit zu uns kommen, wenn du möchtest, da könnt ihr noch weiterspielen, wenn du darfst!" oder: „Wir wollen heute Nachmittag ins Schwimmbad fahren, hast du Lust, mit uns zu kommen? Wir können ja mal deine Mama fragen." Wenn Sie bei dem Treffen anwesend sind, beispielsweise bei

Ihnen zu Hause, hat dies auch den Vorteil, dass Sie sehr gut am Rande beobachten können, ob es gegebenenfalls zu Konflikten kommt, und dass Sie diese nötigenfalls schlichten können. Sollte Ihr Kind zu einem anderen Kind zum Spielen gehen, bietet es sich oft an, mit ihm vorher noch einmal Situationen zu besprechen, in denen es leicht in Konflikte gerät, und gemeinsam zu überlegen, wie es einen Streit verhindern oder sich in einer eventuellen Streitsituation verhalten könnte. Bedenken Sie dabei Möglichkeiten, die auch beim Spiel zu Hause hilfreich waren. Wenn Sie bemerken, dass Ihr Kind sich auf einmal nicht mehr mit einem Kind trifft und die Freundschaft „einschläft", ermuntern Sie Ihr Kind zu einer erneuten Kontaktaufnahme oder unterstützen Sie es aktiv beim Verabreden eines erneuten Treffens.

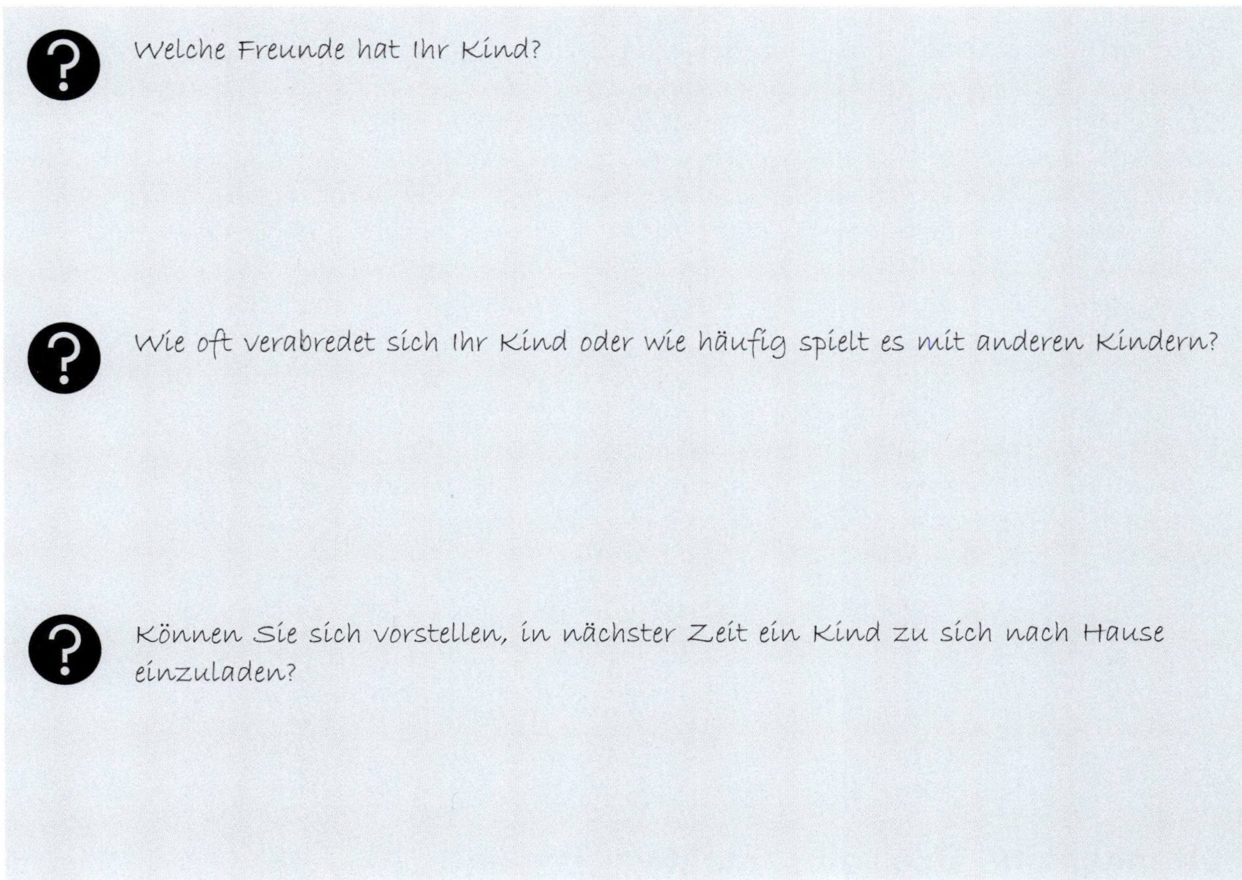

5. Helfen Sie Ihrem Kind, Streit zu schlichten und Konflikte mit Gleichaltrigen zu lösen, wenn Sie Streit beobachten!

Hier wollen wir kurz darauf eingehen, wie Sie Konfliktgespräche mit Kindern führen und dadurch die Konflikte lösen können. Dies können Sie bei einem Streit zwischen Geschwistern genauso anwenden wie bei einem Streit zwischen Ihrem und einem anderen Kind. Achten Sie besonders darauf, sowohl Ihr eigenes als auch das andere Kind zu Wort kommen und seine jeweilige Perspektive schildern zu lassen, und ergreifen Sie dabei keine Partei. Sie können ein Konfliktgespräch auch mit Ihrem Kind alleine führen, wenn es Ihnen von einem Streit berichtet und der Streitpartner nicht dabei ist.

Kinder mit ADHS geraten oft in Streit und Konflikte mit Gleichaltrigen. Daher ist es gerade bei diesen Kindern besonders wichtig, sie beim Umgang mit Streitsituationen und Lösen von Konflikten zu unterstützen. In der Regel fühlen sich Kinder in einer Streitsituation im Recht und denken, dass sie nur vom anderen ungerecht behandelt werden. Sie sind der Meinung, dass der andere Schuld an der Situation hat und ihr eigenes problematisches Verhalten nur eine Reaktion auf das Fehlverhalten des anderen ist („Ich habe ihn ja nur geschlagen, weil er mich beleidigt hat!“). Es fällt ihnen dabei schwer, eine andere als ihre eigene Sichtweise einzunehmen. Auch von uns Erwachsenen wird oft nur ein Schuldiger gesucht, der (Haupt-) Verursacher des Konflikts. In der Regel trägt dies jedoch nicht zur Konfliktlösung bei! In den seltensten Fällen gibt es nur einen Schuldigen, meist haben alle Beteiligten (zumindest in einem gewissen Maße) Anteil an einem Streit! Um Konflikte in sozialen Situationen besser zu lösen, ist es daher wichtig, sich in die Perspektive des anderen hineinzuversetzen, zu verstehen, welche Anteile jeder einzelne am Streit hat, sich möglichst viele verschiedene Lösungen auszudenken, deren Konsequenzen zu durchdenken und schließlich die für alle „günstigste“ Lösung zu bestimmen. Auf diese Weise kann Ihr Kind lernen, Kompromisse zu finden und einzugehen.

Kurz zusammengefasst:
- Zu einem Streit gehören immer (mindestens) zwei!
- Meist gibt es nicht nur einen Schuldigen, sondern alle Beteiligten haben einen Anteil am Streit!
- Es ist daher nicht sinnvoll oder hilfreich, nach Schuldigen zu suchen!
- Jedes der Kinder sollte die Ausgangssituation und den Verlauf des Streits aus seiner Perspektive schildern dürfen. Lassen Sie dabei jedes Kind ausreden. Nicht erlaubt sind hingegen Beschimpfungen und lautes Brüllen. Unterstützen Sie die Kinder dabei, ihre Gefühle und Gedanken mitzuteilen („Was hast du gedacht, als er dich angerempelt hat? Wie hast du dich gefühlt?“).
- Leiten Sie die Kinder an, die Perspektive des jeweils anderen einzunehmen! („Was glaubst du, wie ging es dem anderen?“).
- Überlegen Sie gemeinsam mit den Kindern verschiedene alternative Lösungen der Situation („Was hättet ihr sonst noch tun können?“).
- Einigen Sie sich schließlich auf eine Lösung, die für beide okay ist!
- Arbeiten Sie im Nachhinein noch einmal mit Ihrem Kind seinen eigenen Beitrag zum Streit heraus und überlegen Sie gemeinsam, wie es sich anders hätte verhalten können und was es in Zukunft in ähnlichen Situationen anders machen kann!

Auf der *Memokarte 6: Führen von Konfliktgesprächen* haben wir diese Punkte noch einmal für Sie aufgeführt.

Teil 3: Auftanken und sich selbst nicht vergessen

Sie investieren viel Kraft und Energie in die Erziehung und das Zusammenleben mit Ihrem Kind. Dadurch sind Sie sicherlich manchmal erschöpft und fühlen sich ausgelaugt. Zum Ausgleich ist es sehr wichtig, dass Sie zwischendurch auch an sich denken und Ihre Energiereserven immer wieder aufladen. Nur, wenn Sie zwischendurch auch etwas für sich selbst tun und entspannen, können Sie in stressigen und konflikthaften Situationen möglichst ruhig auf Ihr Kind eingehen, geraten weniger schnell in den Teufelskreis und es gelingt Ihnen besser, bei einem Konflikt „die Nerven“ zu behalten. Im turbulenten Alltag dreht sich oft alles um das Kind, und viele Eltern stellen dabei ihre eigenen Bedürfnisse hinten an. Im Leben mit einem Kind mit ADHS geschieht dies fast automatisch, da dieses Kind viel Aufmerksamkeit benötigt und einfordert. Daher ist es für Sie als Eltern sehr wichtig, Zeiten, in denen Sie Kraft schöpfen und sich entspannen können, aktiv in Ihrem Alltag einzuplanen, damit diese nicht völlig vergessen oder vernachlässigt werden. Viele Eltern streichen zuallererst die Zeiten für sich selbst, wenn es im Tages- oder Wochenablauf eng wird. Bedenken Sie aber, dass ein festes Einplanen und Einhalten dieser Zeit für eigene Bedürfnisse sehr wichtig ist, da sonst Ihre ganze Energie und Kraft irgendwann aufgebraucht sind und Sie sich nur noch erschöpft und müde fühlen. Zudem ist es wichtig, Beziehungen zu Menschen (auch außerhalb der Familie) zu pflegen, da auch diese einen entscheidenden Beitrag zu unserem Wohlbefinden leisten. Am Ende dieses Bausteins wollen wir Sie schließlich anregen, über Ihre eigene Zukunftsperspektive nachzudenken.

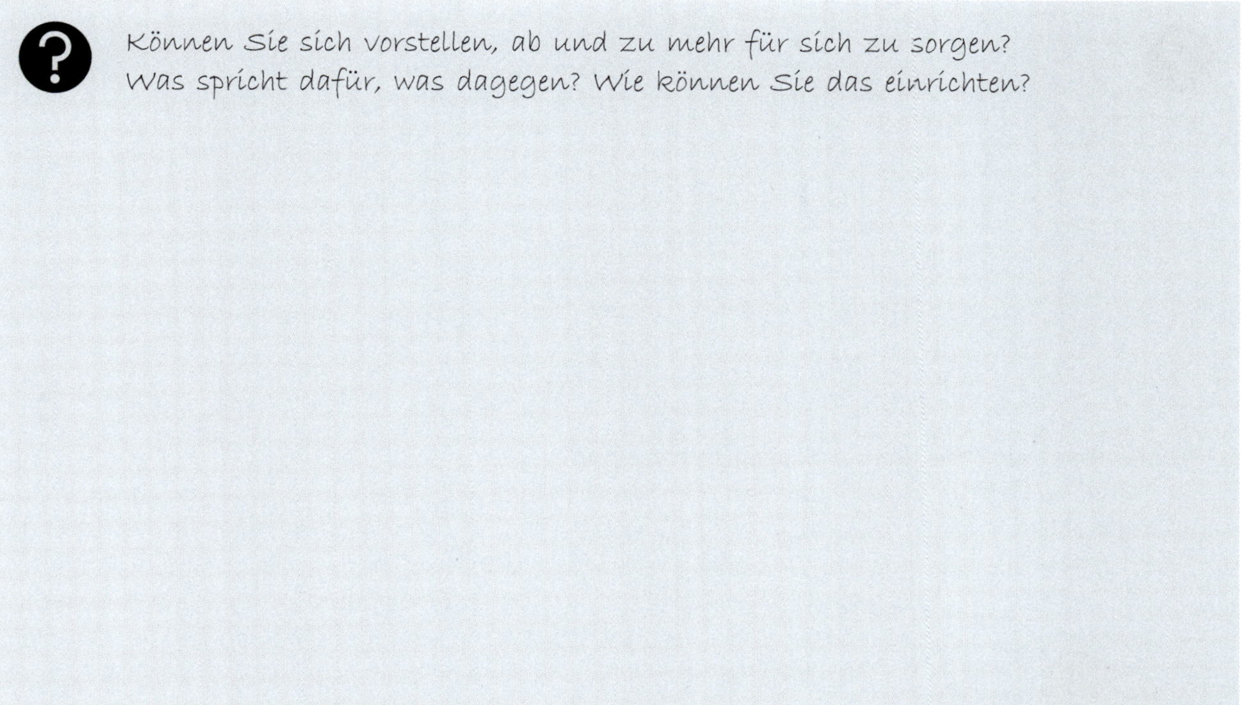

1. Können Sie Aufgaben an andere Personen abgeben?

Viele Eltern haben das Gefühl, sie müssten alles alleine bewältigen. Oft bietet sich jedoch die Möglichkeit, auch Aufgaben an andere abzugeben. Gibt es Personen oder Einrichtungen, die Ihr Kind zu manchen Zeiten betreuen könnten?

Kann Ihr Kind oder auch ein Geschwisterkind vielleicht einmal in der Woche in eine Spielgruppe oder einen Verein gehen? Gibt es jemanden, den Sie fragen können (Freunde, Familienmitglieder oder auch Profis), ob er/sie Sie bei der Kinderbetreuung oder im Haushalt unterstützen könnte? Vielleicht können Sie jemanden bitten, an ein oder zwei Nachmittagen in der Woche mit Ihrem Kind für ein bis zwei Stunden nach draußen zum Fußball-, Basketball- oder Tischtennisspielen zu gehen oder an einem Wochentag die Betreuung der Hausaufgaben oder das Üben in einem bestimmten Fach zu übernehmen. Eine weitere Möglichkeit wäre vielleicht auch, dass die Geschwisterkinder einmal in der Woche alle am Nachmittag einen Freund besuchen. So entsteht Zeit für eine Spaß- und Spielzeit mit Ihrem Kind mit ADHS oder auch etwas freie Zeit für Sie.

Vielleicht haben Sie – wie auch manche Eltern anderer Kinder mit ADHS – die Erfahrung gemacht, dass es sehr schwierig sein kann, Ihre Kinder von anderen Personen betreuen zu lassen. Vielleicht haben Sie das Gefühl, dass man das problematische Verhalten Ihres Kindes anderen nicht zumuten kann und es allen nur zur Last fallen würde. Aufgrund solcher Gedanken beaufsichtigen viele Eltern ihr Kind lieber selbst und gönnen sich entsprechend kaum eine Pause. Daher haben Eltern von Kindern mit ADHS häufig eher wenige Freiräume für sich. Natürlich können Sie solche Freiräume nur sinnvoll nutzen und genießen, wenn Sie wissen, dass Ihr Kind in guten Händen ist. Viele Schulkinder gehen heutzutage in den offenen Ganztag. Aber auch für Kindergartenkinder oder Kinder, die direkt nach der Schule nach Hause kommen, bietet sich oft eine Betreuung durch andere an. Leider ist es oft schwierig, einen festen Betreuungsplatz zu finden. Dennoch lohnt es sich, Augen und Ohren offen zu halten. Alternativ können Sie vielleicht auch mit einer anderen Mutter besprechen, dass Sie wechselweise jeweils einen Tag auf Ihre Kinder aufpassen. So könnten Sie beispielsweise beide Kinder an einem Nachmittag in der Woche betreuen und haben dafür an einem anderen Nachmittag Zeit für sich.

Wer könnte Ihnen bei der Betreuung Ihres Kindes helfen?
Wer könnte Sie sonst entlasten?

2. Was tut Ihnen gut? Wie können Sie sich entspannen?

Gehen Sie die *Liste positiver Aktivitäten* (Arbeitsblatt 12) durch. Streichen Sie die Aktivitäten an, die Sie vielleicht ab und zu in Ihrem Alltag schon machen und die Ihnen guttun. Kennzeichnen Sie in einer anderen Farbe die Aktivitäten von der Liste, die Sie gerne in den nächsten Tagen einmal durchführen würden. Überlegen Sie auch, ob Ihnen noch weitere Aktivitäten einfallen, und notieren Sie diese am Ende der Liste. In der Liste stehen Tätigkeiten, für die man mehr Zeit benötigt (z.B. in Ruhe ein Bad nehmen, joggen), aber auch Aktivitäten, die nicht viel Zeit in Anspruch nehmen (z.B. eine Tasse Tee genießen, einen Zeitschriftenartikel lesen).

© Klaus Gehrmann

Wie häufig haben Sie die zuerst markierten Aktivitäten in den letzten Wochen tatsächlich durchgeführt? Nehmen Sie sich in den kommenden Wochen einmal versuchsweise vor, mindestens drei positive Aktivitäten pro Woche auch tatsächlich umzusetzen. Wir zeigen Ihnen schon einmal anhand eines Beispiels, wie das ausgefüllte Arbeitsblatt 12 aussehen könnte (siehe Abbildung 14).

3. Planen Sie positive Aktivitäten und Phasen zum Auftanken für sich ein.

Wann können Sie in Ihrem neuen Wochenplan (Arbeitsblatt 11) Zeit für sich selbst und für positive Aktivitäten einplanen? Vielleicht bietet sich etwas Zeit dafür, wenn Ihr Kind beispielsweise in der Schule, beim Fußballtraining oder bei der Oma ist? Überlegen Sie sich einmal, mit welchen der auf Arbeitsblatt 12 markierten positiven Aktivitäten Sie beginnen wollen und wobei Sie sich besonders gut entspannen und Energiereserven auftanken können. Kennzeichnen Sie diese Aktivitäten in Ihrem Wochenplan. So vergessen Sie Ihre „Oasen" im Alltag nicht so leicht und können sich darauf freuen! Sollte es in dieser „Zeit für sich selbst" eigentlich noch etwas zu tun geben, z.B. eine Maschine Wäsche zu bügeln oder etwas anderes im Haushalt zu machen, hinterfragen Sie einmal für sich, ob dies wirklich *jetzt* geschehen muss. Es ist sehr wichtig, dass Sie von Zeit zu Zeit Ihre eigenen Reserven wieder auftanken – da kann es sehr sinnvoll und hilfreich sein, auch einmal etwas liegen lassen zu können. Nehmen Sie sich „Ihre Zeit"! Angesichts all dessen, was Sie für Ihre Familie leisten, haben Sie sich diese Zeit verdient! Bedenken Sie, dass es letztlich auch Ihrem Kind zugutekommt, wenn Sie durch eigene Zeiten zum Ausspannen wieder mehr Energie für den oft schwierigen Alltag haben.

Besprechen Sie die Zeiten für sich in Ihrem Wochenplan auch mit Ihrem Partner/Ihrer Partnerin (oder einer für Sie wichtigen anderen Bezugsperson). Erläutern Sie ihm/ihr, wie wichtig diese Freiräume für Sie sind, um mit mehr Energie für Ihr Kind oder Ihre Kinder da sein zu können. Vielleicht besteht die Möglichkeit, dass Sie sich an einem freien Abend in der Woche mit Freundinnen zum Kino oder Quatschen verabreden, während Ihr Partner/Ihre Partnerin oder jemand anderes zu Hause auf die Kinder aufpasst? Vielleicht wünscht sich auch Ihr Partner/Ihre Partnerin einen Abend pro Woche für sich, um einem eigenen Hobby oder Interesse nachzukommen?

Falls Sie in einer Partnerschaft leben, denken Sie einmal gemeinsam darüber nach, ob Sie auch noch gemeinsame Zeiten als Paar haben? Auch dies ist sehr wichtig, geht im Dasein als Eltern aber manchmal teilweise verloren. Wenn irgendwie möglich, planen Sie sich auch bewusst Termine nur als Paar ein. Vielleicht passen ein- oder zweimal im Monat ein Babysitter oder die Großeltern auf die Kinder auf und Sie können etwas zu zweit unternehmen.

Arbeitsblatt 12 Baustein 8

Liste positiver Aktivitäten

	Das tut mir gut!	Das habe ich in den letzten Wochen wie oft gemacht?	Das möchte ich nächste Woche machen!
Sich wertschätzen			
stolz darauf sein, was man an einem Tag alles geleistet hat, und sich das bewusst machen	X		X
bewusst an alles denken, was man schon geschafft hat, und es genießen			
sich Blumen kaufen			
Kleinigkeiten			
ein Entspannungsbad nehmen	X		X
einen Duft/ein Parfüm auftragen	X	2X	X
einen guten Kaffee/Tee trinken und in Ruhe genießen	X		X
ein Gesellschaftsspiel spielen			
Sudoku oder Kreuzworträtsel lösen	X	1X	X
eine schöne DVD oder die Lieblings-Fernsehsendung ansehen	X	2X	X
sich chic machen			
sich pflegen, z. B. Hautlotion auftragen, Nägel lackieren, eine Haarkur benutzen	X	3X	X
im Internet surfen			
ein Computerspiel spielen			
in Ruhe eine Zeitung oder Zeitschrift lesen	X	1X	X
Entspannungsübungen machen			
die Füße hochlegen, sich einfach entspannen und die Gedanken schweifen lassen	X		
sich schlafen legen			
das Zimmer mit Kleinigkeiten umgestalten oder schön aufräumen			
besonders leckeres Essen kochen			

Abbildung 14:
Ausgefülltes *Arbeitsblatt 12: Liste positiver Aktivitäten* (Seite 3)

Wo können Sie in Ihrem Wochenplan Zeiten für sich selbst zum Auftanken einplanen?

4. Wie ist Ihre Zukunftsperspektive?

Das Elterndasein nimmt einen großen Teil des Lebens in Anspruch. Viele Eltern, besonders Eltern von Kindern mit Verhaltensproblemen, haben das Gefühl, neben ihrem „Job" als Mama oder Papa keine Zeit mehr für etwas anderes zu haben. Bedenken Sie aber, dass sich die Aufgaben als Eltern mit dem Größerwerden der Kinder verändern. Viele Kinder benötigen schon weniger Aufsicht und Kontrolle, wenn sie sich an der Schwelle zur Pubertät befinden. Wenn die Erziehungsaufgaben zumindest zeitlich weniger intensiv werden, stellt sich den Eltern die Frage, wie sie ihr eigenes Leben (neu) gestalten können. Was ändert sich in der Beziehung zum Partner/zur Partnerin? Welche Rolle spielt der eigene Beruf? Gibt es mehr Raum für eigene Freizeitaktivitäten? Welche neuen Aufgaben stellen sich? Günstig ist es, sich diese Fragen auch schon sehr früh zu stellen, da sie eng mit der eigenen Lebenszufriedenheit zusammenhängen. Können Sie diese Fragen schon für sich beantworten? Wir möchten Sie dazu ermuntern, über Ihre Zukunftsperspektive nachzudenken. Beispielsweise könnten Sie sich vornehmen und darauf freuen, in der Zukunft bestimmten Hobbys oder Interessen wieder mehr nachzukommen, die Sie aktuell vielleicht hintenanstellen müssen, da Sie viel Zeit für Ihr Kind oder Ihre Kinder brauchen. Vielleicht fällt einem auf diese Weise der aktuelle Verzicht darauf nicht mehr so schwer.

Haben Sie schon über Ihre eigene Zukunftsperspektive nachgedacht?
Wie wollen Sie in drei, in fünf oder in zehn Jahren leben?

Arbeitsblatt 10

Baustein 8

Mein Wochenplan – aktuell

Uhrzeit	Montag	Dienstag	Mittwoch	Donnerstag	Freitag	Samstag	Sonntag
6:00							
7:00							
8:00							
9:00							
10:00							
11:00							
12:00							
13:00							
14:00							
15:00							
16:00							
17:00							
18:00							
19:00							
20:00							
21:00							
22:00							

Arbeitsblatt 11

Baustein 8

Mein Wochenplan – wie er sein soll

Uhrzeit	Montag	Dienstag	Mittwoch	Donnerstag	Freitag	Samstag	Sonntag
6:00							
7:00							
8:00							
9:00							
10:00							
11:00							
12:00							
13:00							
14:00							
15:00							
16:00							
17:00							
18:00							
19:00							
20:00							
21:00							
22:00							

Arbeitsblatt 12 Baustein 8

Liste positiver Aktivitäten

	Das tut mir gut!	Das habe ich in den letzten Wochen wie oft gemacht?	Das möchte ich nächste Woche machen!
Soziale Aktivitäten mit Freunden			
Karten spielen			
gemütlich im Café sitzen			
mit Freunden zusammen etwas essen			
sich mit einem Freund oder einer Freundin unterhalten oder nett telefonieren			
in geselliger Runde etwas trinken			
Freunde besuchen			
Sportliche Betätigung			
joggen oder walken			
eine Runde Fahrrad fahren			
einen Spaziergang im Grünen machen			
in ein Fitnesscenter gehen			
Federball/Tischtennis spielen			
tanzen			
ins Schwimmbad gehen			
sich sonst irgendwie sportlich betätigen			
Kreative Beschäftigungen			
etwas Schönes basteln oder handarbeiten			
Tagebuch führen, ein schönes Erlebnis oder einfach die Gedanken aufschreiben			
etwas in Gedichtform schreiben			
malen			
fotografieren			
singen oder Musik machen			
Musik hören			

Arbeitsblatt 12

Baustein 8

Liste positiver Aktivitäten

	Das tut mir gut!	Das habe ich in den letzten Wochen wie oft gemacht?	Das möchte ich nächste Woche machen!
Sinneseindrücke genießen			
den Himmel, Wolken oder einen Sturm bewusst beobachten			
sich sonnen, die warmen Sonnenstrahlen auf der Haut spüren			
den Geräuschen in der freien Natur lauschen			
barfuß im Gras laufen			
Partnerschaft			
mit seinem Partner zusammensitzen			
gemeinsam etwas kochen			
gemeinsam einen Spaziergang machen			
Über Vergangenheit, Gegenwart und Zukunft nachdenken, planen			
Ausflüge/Urlaubsfahrten planen			
positive Zukunftspläne schmieden			
Fotos ansehen			
Geistige Anregungen			
in ein Konzert gehen			
ins Kino gehen			
ein gutes Buch lesen			
ein Museum besuchen			
Verreisen und/oder einfach mal rausgehen			
ins Grüne fahren			
mit schöner Musik Auto fahren			
in den Zoo gehen			
wandern			

Arbeitsblatt 12 Baustein 8

Liste positiver Aktivitäten

	Das tut mir gut!	Das habe ich in den letzten Wochen wie oft gemacht?	Das möchte ich nächste Woche machen!
Sich wertschätzen			
stolz darauf sein, was man an einem Tag alles geleistet hat, und sich das bewusst machen			
bewusst an alles denken, was man schon geschafft hat, und es genießen			
sich Blumen kaufen			
Kleinigkeiten			
ein Entspannungsbad nehmen			
einen Duft/ein Parfüm auftragen			
einen guten Kaffee/Tee trinken und in Ruhe genießen			
ein Gesellschaftsspiel spielen			
Sudoku oder Kreuzworträtsel lösen			
eine schöne DVD oder die Lieblings-Fernsehsendung ansehen			
sich chic machen			
sich pflegen, z. B. Hautlotion auftragen, Nägel lackieren, eine Haarkur benutzen			
im Internet surfen			
ein Computerspiel spielen			
in Ruhe eine Zeitung oder Zeitschrift lesen			
Entspannungsübungen machen			
die Füße hochlegen, sich einfach entspannen und die Gedanken schweifen lassen			
sich schlafen legen			
das Zimmer mit Kleinigkeiten umgestalten oder schön aufräumen			
besonders leckeres Essen kochen			

Arbeitsblatt 12 — Baustein 8

Liste positiver Aktivitäten

	Das tut mir gut!	Das habe ich in den letzten Wochen wie oft gemacht?	Das möchte ich nächste Woche machen!
Was fällt Ihnen noch ein?			

Memokarte 6 **Baustein 8**
Führen von Konfliktgesprächen

1. Zum Streit gehören immer (mindestens) zwei!
   Es hilft daher nicht, nach Schuldigen zu suchen!
2. Lassen Sie jedes der Kinder die Ausgangssituation und den Verlauf aus seiner Perspektive schildern.
3. Jedes Kind darf ausreden. Beschimpfungen und lautes Brüllen sind nicht erlaubt.
4. Leiten Sie die Kinder an, ihre Gefühle und Gedanken zum Ausdruck zu bringen („Was hast du gedacht, als er dich angerempelt hat? Wie hast du dich gefühlt?“).
5. Leiten Sie die Kinder zur Perspektivenübernahme an („Was glaubst du, wie ging es dem anderen?“).
6. Suchen Sie gemeinsam mit den Kindern verschiedene Alternativen von Lösungen („Was hättet ihr sonst noch tun können?“).
7. Einigen Sie sich auf eine Lösung, die für alle okay ist.
8. Versuchen Sie im Nachhinein noch einmal, mit Ihrem Kind seinen eigenen Anteil am Streit herauszuarbeiten und zu überlegen, was es hätte anders machen können und in Zukunft anders machen kann.

Bemerkungen:

Hinweise zu den Online-Materialien

Sie können die in diesem Arbeitsbuch abgedruckten Materialien zusätzlich über unsere Internetseite abrufen und ausdrucken. Nutzen Sie dazu bitte den Link hgf.io/download und melden Sie sich nach den dort beschriebenen Schritten an. Wenn Sie nach der Registrierung den Code B-8LJ43X unter „Mein Konto > Zusatzmaterialien" im Eingabefeld einfügen, werden Sie automatisch in den Downloadbereich weitergeleitet und können die Online-Materialien zum Buch ausdrucken. Um die Materialien dauerhaft im direkten Zugriff zu haben, empfehlen wir Ihnen, sich die gesamten Materialien herunterzuladen und auf dem eigenen Rechner zu speichern.

Unsere Buchtipps

Daniel Walter / Manfred Döpfner
Ratgeber Schulvermeidung
Informationen für Betroffene, Eltern und pädagogische Fachkräfte

(Reihe: „Ratgeber Kinder- und Jugendpsychotherapie", Band 29). 2021, ca. 60 Seiten, Kleinformat,
ca. € 9,95 / CHF 13.50
ISBN 978-3-8017-2811-3
Auch als eBook erhältlich

Der Ratgeber informiert über Symptomatik, Ursachen und Behandlungsmöglichkeiten von Schulvermeidung bei Kindern und Jugendlichen. Eltern, Lehrer und Erzieher erhalten Hinweise zum Umgang mit der Problematik in Familie und Schule. Betroffenen Schülerinnen und Schülern werden konkrete Ratschläge und Anleitungen zur Selbsthilfe gegeben.

Dörte Grasmann / Tanja Legenbauer / Martin Holtmann
Wütend, traurig und gereizt
Informationen zur Emotionsregulation für Betroffene, Eltern, Lehrer und Erzieher

(Reihe: „Ratgeber Kinder- und Jugendpsychotherapie", Band 22). 2018, 53 Seiten, Kleinformat,
€ 8,95 / CHF 11.90
ISBN 978-3-8017-2511-2
Auch als eBook erhältlich

Der Ratgeber zeigt auf, woran man Störungen der Emotionsregulation erkennen kann und wie sie sich von entwicklungstypischen Verhaltensweisen und anderen psychischen Störungen abgrenzen lassen. Er gibt Eltern, Erziehern und Lehrkräften zahlreiche Hinweise zum Umgang mit den Schwierigkeiten in Familie und Schule an die Hand. Kinder und Jugendliche erhalten konkrete Tipps dazu, wie sie ihre starken Stimmungsschwankungen in den Griff bekommen und ihre eigenen Gefühle besser kontrollieren können.

Gerd Schulte-Körne / Katharina Galuschka
Ratgeber Lese-/ Rechtschreibstörung (LRS)
Informationen für Betroffene, Eltern, Lehrer und Erzieher

(Reihe: „Ratgeber Kinder- und Jugendpsychotherapie", Band 26). 2019, 86 Seiten, Kleinformat,
€ 9,95 / CHF 13.50
ISBN 978-3-8017-2722-2
Auch als eBook erhältlich

Der Ratgeber informiert über die Symptomatik, die Ursachen, die Diagnostik sowie die Präventions- und Fördermöglichkeiten bei einer Lese- und/oder Rechtschreibstörung. Eltern, Lehrer und Erzieher erhalten konkrete Ratschläge und Anleitungen zum Umgang mit der Problematik in der Familie, in der Schule und im Kindergarten. Jugendlichen werden Ratschläge und Anleitungen zur Selbsthilfe gegeben.

Sigrun Schmidt-Traub
Kinder liebevoll und konsequent erziehen
Ein Ratgeber für Eltern und Erzieher

2015, 167 Seiten, Kleinformat,
€ 17,95 / CHF 24.50
ISBN 978-3-8017-2663-8
Auch als eBook erhältlich

In diesem Ratgeber wurde der Schwerpunkt auf wirkungsvolle, lernpsychologisch untermauerte Erziehungsmethoden gelegt, die für Kinder aller Altersgruppen gelten. Eltern und Erzieher erhalten eine detaillierte Anleitung, wie sie diese im Alltag umsetzen können. Zudem wird auf Problembereiche, wie z.B. Geschwisterrivalität, Ordnung und Medienkonsum, eingegangen.

www.hogrefe.com